NOTICE

DE

LIVRES ÉLÉMENTAIRES

A L'USAGE

1° DE L'ENSEIGNEMENT DANS LES SALLES D'ASILE

2° DE L'ENSEIGNEMENT PRIMAIRE

3° DE L'ENSEIGNEMENT SPÉCIAL

PARIS

LIBRAIRIE HACHETTE ET Cⁱᵉ

79, BOULEVARD SAINT-GERMAIN, 79

—

Avril 1875

TABLE DES MATIÈRES

Pag

ENSEIGNEMENT DANS LES SALLES D'ASILE..........
ENSEIGNEMENT PRIMAIRE.
   1° Méthodes d'enseignement, Pédagogie, Législation..........
   2° Cours d'éducation et d'instruction primaire pour les enfants des deux sexes de 5 à 14 ans....................................
   3° Instruction morale et religieuse, Livres d'offices............
   4° Méthodes de lecture....................................
   5° Livres de lecture courante..............................
   6° Écriture.. 12
   7° Étude de la langue française........................... 1
   8° Géographie... 1
   9° Histoire... 1
   10° Arithmétique, Poids et mesures, Tenue des livres........... 16
   11° Géométrie, Arpentage, Topographie, Dessin linéaire......... 17
   12° Agriculture, Histoire naturelle, Physique, Chimie........... 18
   13° Musique... 19
   14° Notions de droit, Tenue des actes de l'état civil............ 19
   15° Gymnastique, Hygiène................................. 19
ENSEIGNEMENT SPÉCIAL............................. 20
PUBLICATION PÉRIODIQUE relative à l'enseignement primaire. 2

On adressera franco aux personnes qui en feront la demande :

Le catalogue des livres d'éducation et d'enseignement ;
Le catalogue des livres de littérature générale et de connaissances utiles ;
Le catalogue des livres reliés pour les distributions de prix ;
Le catalogue des livres reçus en dépôt ;
Le catalogue de livres à l'usage des bibliothèques populaires ;
Le catalogue des livres d'étrennes ;
Le catalogue des fournitures de classes,
Le catalogue du matériel nécessaire pour l'enseignement pratique des sciences.

ENSEIGNEMENT DANS LES SALLES D'ASILE

Livres, Tableaux, Images, Registres.

lphabet mural en caractères romains.
26 lettres de 16 centimètres de hauteur.
Prix. 1 fr.
Les 26 lettres collées isolément sur carton
pour être suspendues. 4 fr.

lphabet des salles d'asile, 20 tableaux de 50 centimètres de hauteur sur
32 centimètres de largeur. 2 fr.
Les 20 tableaux collés sur dix cartons.
Prix. 4 fr. 50 c.

rise (Dr). *Le médecin des salles d'asile,
ou manuel d'hygiène et d'éducation physique de l'enfance*, destiné aux médecins
et aux directeurs de ces établissements,
et pouvant servir aux mères de famille;
le édition. 1 vol. in-8, broché. 3 fr. 50 c.

ansons à l'usage des salles d'asile, sur
les airs connus. Brochure in-8. 75 c.

evreau-Lemercier (Mme). *Chants
pour les enfants des salles d'asile*, avec
es airs notés par MM. Defresne et de la
Gastine; 4e édition. 1 vol. in-8. 2 fr.

*Petites histoires pour les enfants des
alles d'asile*, avec un questionnaire à l'u-
age des maîtres. Gr. in-18. 1 fr. 50 c.

iffres arabes destinés à être collés sur
mur. 10 chiffres de 25 centimètres sur
20 centimètres. 50 c.
Les dix chiffres collés isolément sur carton pour être suspendus. 1 fr. 50 c.

iffres romains, destinés à être collés
ur mur. 7 chiffres de 25 centimètres de
hauteur sur 20 centim. de largeur. 50 c.
Les sept chiffres collés isolément sur carton pour être suspendus. 1 fr.

nseignement par les yeux, nouvelles
mages tirées en couleur par la chromolithographie, accompagnées d'histoires et
eçons explicatives:
Les images ont 35 centimètres de hauteur sur
50 centimètres de largeur.
Chaque image séparément, 60 c.
Le collage sur carton de chaque image et le
vernissage se payent en sus, 50 c.
On peut se procurer ces collections d'images
reliées en albums.
Chaque série est accompagnée d'un texte explicatif qui se paye en sus.

NIMAUX. 1re *série*, 10 sujets : singe;
ours; blaireau; loutre; lion; tigre; chat;
hyène; loup et renard; chien. 5 fr.
Texte explicatif, par Mme Pape-Car
pantier; gr. in 18. 1 fr. 25 c

2e *série*, 10 sujets : castor, lièvre, vache
et bœuf, mouton; chèvre; chamois; cerf;
renne; chameau; girafe. 5 fr.
Texte explicatif, par Mme Pape-Carpantier; gr. in-18. 1 fr. 25 c.

3e *série*, 10 sujets : porc; sanglier; hip-
popotame; cheval; âne; rhinocéros; élé-
phant; sarigue; phoque; baleine. 5 fr.
Texte explicatif, par Mme Pape-Carpantier; gr. in-18. 1 fr. 25 c.

Les 30 images des 3 premières séries se
vendent aussi divisées en *Animaux domestiques*, 10 sujets, 5 fr., et *Animaux
sauvages*, 20 sujets, 10 fr.

4e *série*, 10 sujets : aigle; hibou; perro-
quet; hirondelle et moineau; coq et
poule; dinde et dindon; autruche; héron
et cygne; canard et oie; pélican et man-
chot. 5 fr.
Texte explicatif, par Mme Pape-Carpantier; gr. in-18. 1 fr. 50 c.

5e *série*, 10 sujets : chauve-souris; pa-
resseux et écureuil; oiseau-mouche;
paon; grenouille, vipère, tortue et lé-
zard; carpe, cyprin doré et anguille;
araignée et scorpion, abeille, libellule
et ver à soie; écrevisse, sangsue et
lombric; huître, moule et coraux. 5 fr.
Texte explicatif, par Mme Pape-Carpantier; gr. in-18. 2 fr.

CULTURE ET EMPLOI DU BLÉ, 6 sujets : le
labour; les semailles; la moisson; le bat-
tage; le moulin; la boulangerie. 3 fr. 50 c.
Texte explicatif, par Mme Pape-Carpantier; gr. in-18, cart. 1 fr.

HISTOIRE SAINTE, 1re partie, 25 sujets. 15 fr.

HISTOIRE SAINTE, 2e partie, 25 sujets. 15 fr.

HISTOIRE DE N. S. JÉSUS-CHRIST, 25 sujets. 15 fr.

Texte explicatif pour les deux parties
de l'histoire sainte et pour l'histoire
de N. S. Jésus-Christ, par Mme Monternault, née Chevreau-Lemercier;
gr. in-18, avec 75 vignettes, cartonné. 1 fr. 50 c.

HISTOIRE DE LA SAINTE-VIERGE MARIE,
20 sujets. 12 fr.
Texte explicatif, par la sœur Elisabeth,
gr. in 18, illustré, cart. 1 fr.
Recommandé et approuvé par plusieurs prélats.

Forney (Mme). *Récits enfantins*, 1 vol. grand in-18, avec vignettes, broché. 1 fr.

Images pour les salles d'asile, de 35 centimètres de hauteur sur 50 centimètres de largeur environ :

Arbres Arbustes, Plantes, 6 sujets.
En noir.   2 fr. 50 c.
Coloriés.   5 fr.

Arts et métiers, 10 sujets : le maçon, le menuisier, le serrurier, le charron, le cordonnier, le tisserand, le vannier, le potier, l'imprimeur typographe, l'imprimeur lithographe. En noir.   5 fr.
Coloriés.   10 fr.

Notions industrielles, 10 sujets : forges, verrerie, mines, machine à vapeur, chemins de fer, fabrique de papiers, fabrique d'épingles, filature mécanique, atelier de monnayage, fabrique de savon.
En noir.   5 fr.
Coloriés.   10 fr.
Texte explicatif, par M. Boucard, grand in-18.   1 fr.

Sept (les) couleurs principales du spectre solaire qui forment la lumière blanche du soleil. 1 feuille.   1 fr.

Cadre en bois pour recevoir les images des salles d'asile.   4 fr.

Portefeuille pour renfermer lesdites images.   4 fr.

Mallet (Mme Jules). *Chants pour les salles d'asile*, comprenant des cantiques et des chansons, avec les airs notés. 9e édition. 1 vol. grand In-8, broché.   1 fr. 50 c.

Pape-Carpantier (Mme), inspectrice générale des salles d'asile. *Conseils sur la direction des salles d'asile;* 4e édit. in-18, broché.   1 fr. 50 c.
Ouvrage couronné par l'Académie française et autorisé par le Conseil de l'Instruction pub.

— *Enseignement pratique dans les salles d'asile*, ou premières leçons à donner aux petits enfants, suivies de chansons et de jeux pour les récréations de l'enfance; 5e édition approuvée par le Saint-Siége et par Mgr l'évêque du Mans. 5e édition. 1 vol. in-8, broché.   6 fr.
Ouvrage couronné par l'Académie française.

— *Histoires et leçons de choses*, pour les enfants. 1 vol. in-12, avec vignettes, broché.   2 fr. 25 c.
Ouvrage couronné par l'Académie française.

— *Lectures et travail* pour les enfants et les mères, 1 vol. in-12, avec vignettes. 1 f. 25

— *Histoire du blé.* 1 vol. grand in-18 avec vignettes, cart.   1 fr

— *Jeux gymnastiques* avec chants pour les enfants des salles d'asile. 1 vol. in-8 avec musique et gravures, broché.   2 fr.

— *Enseignement de la lecture* à l'aide du procédé phonomimique de M. Grosselin. 1 vol. gr. in-18, cartonné,   50 c

— *Tableaux* reproduisant la méthode. 3. tableaux de 50 centimètres de hauteur sur 35 cent. de largeur,   3 fr
Le collage des 30 tableaux sur 15 cartons se paye en sus,   3 fr. 7

— *Nouveau syllabaire des salles d'asile.* 32 tableaux de 50 centimètres de hauteur sur 32 centim. de largeur, avec un Manuel grand in-18.   3 fr. 50
Le collage des 32 tableaux sur 16 cartons se paye en sus,   4
On vend separément :
Chacun des 32 tableaux,   15
Le *Manuel*, contenant la matière des 32 tableaux reproduits dans le format grand in-1. broché.   25

Régimbeau, ancien instituteur. *Syllabaire-atlas*, méthode de lecture pour l'enseignement collectif, à l'usage des salles d'asile et des écoles. (Voir Enseignement primaire, page 7.)

Registres prescrits par le règlement des salles d'asile :

1° *Registre des admissions provisoires:*
25 feuilles in-folio, cart.   5
40 feuilles, *idem.*   7 fr. 50

2° *Registre des admissions définitives:*
25 feuilles in-folio, cartonné.   5
40 feuilles, *idem.*   7 fr. 50

3° *Registre du médecin :*
25 feuilles in-folio, cart.   5
40 feuilles, *idem.*   7 fr. 50

4° *Registre des visites d'inspection :*
25 feuilles in-folio, cart.   5
40 feuilles, *idem.*   7 fr. 50

5° *Liste mensuelle de présence des enfants*, chaque feuille,   10

Rendu (Eugène). *Guide des salles d'asile*, 3e édition, 1860. 1 vol. in-8, broché. 3

Voir pour les objets qui composent le matériel des salles d'asile, le Catalogue spécial.

ENSEIGNEMENT PRIMAIRE

1° Méthodes d'enseignement, Pédagogie, Législation.

arrau. *Direction morale pour les instituteurs;* 8e édit. Grand in-18, 1 fr. 25 c.
Ouvrage couronné par l'Académie française et autorisé par le Conseil de l'Instr. publique.

réal (Michel), professeur au Collège de France. *Quelques mots sur l'École.* 1 vol. in-12, br. 1 fr. 25 c.
Ouvrage couronné par la Société pour l'instruction élémentaire.

rouard et Defodon. *Inspection des écoles primaires;* ouvrage destiné aux aspirants aux fonctions d'inspecteur primaire, aux inspecteurs primaires, aux délégués cantonaux et généralement aux personnes chargées de la direction et de la surveillance des écoles; 2 édit. 1 vol. in-12, broché. 3 fr.

runel. *Les pensions de retraite des instituteurs,* dispositions légales et réglementaires. 1 vol. in-18, br. 75 c.

onférences pédagogiques faites à la Sorbonne aux instituteurs primaires venus à Paris pour l'exposition universelle de 1867. 3 vol. in-12, br. 3 fr.
Chaque volume se vend séparément 1 fr. et comprend :
1re partie. Législation scolaire ; maisons d'école ; hygiène.
2e partie. Organisation pédagogique des écoles.
3e partie. Matières de l'enseignement.

elon (M. et Mme). *Méthode intuitive,* selon les méthodes et les procédés de Pestalozzi et de Frœbel. 1 vol. in-8 avec 24 planches, br. 7 fr.

Laveleye (E. de). *L'instruction du peuple.* 1 vol. in-8, br. 7 fr. 50 c.

Manuel général de l'instruction primaire, journal hebdomadaire des instituteurs et des institutrices ; rédacteur en chef, M. Defodon. Prix de l'abonnement pour une année. 6 fr.
Voir, pour plus de détails, page 24.

Mariotti, directeur de l'école normale de Versailles. *Conférences de pédagogie;* 2e édition. 1 vol. in-12, br. 3 fr.

Pichard. *Nouveau code de l'instruction primaire;* 4e édition, donnant l'état de la législation au 1er avril 1874. In-18 broché. 2 fr.

Regnard (Mme). *Manuel des travaux à l'aiguille.* 1 vol. in-12, avec 20 vignettes dans le texte, br. 2 fr.
Ouvrage couronné par la Société pour l'instruction élémentaire.

Rendu (Eugène), inspecteur général de l'instruction primaire. *L'obligation légale de l'enseignement.* Brochure in-8. 1 fr.

Robert (Charles), ancien secrétaire général du ministère de l'instruction publique. *L'instruction obligatoire.* 1 v. in-8, br. 2 fr.

Salmon, premier président à la cour de Douai. *Conférences sur les devoirs des instituteurs primaires;* nouvelle édition. 1 vol. in-12. br. 3 fr.
Ouvrage couronné par l'Académie française et autorisé par le Conseil de l'instr. publique.

Simon (Jules). *L'école;* 8e édition mise au courant des dernières statistiques et de l'état actuel de la législation. 1 vol. in-12, broché. 3 fr. 50 c.

2° Cours d'éducation et d'instruction primaire our les enfants des deux sexes de 5 à 14 ans.

A L'USAGE DES ÉCOLES ET DES FAMILLES

ar Mme PAPE-CARPANTIER, inspectrice générale des salles d'asile, avec la collaboration de professeurs de lettres et de sciences.

e cours est divisé en trois périodes : 1° Élémentaire. — 2° Moyenne. — 3° Complémentaire, précédées de deux années préparatoires.

es volumes sont imprimés dans le format grand in-18, contiennent des vignettes intercalées dans le texte et se vendent cartonnés.

eux éditions de tous les volumes ont été publiées simultanément, l'une à l'usage des garçons, l'autre à l'usage des filles ; avoir soin de désigner, dans les demandes, l'édition spéciale que l'on désire recevoir.

Première année préparatoire.

anuel de l'instituteur, comprenant : l'exposé des principes de la pédagogie et le guide de la première année préparatoire. 1 volume in-12, broché. 2 fr. 50

Enseignement de la lecture, à l'aide

du procédé phonomimique de M. Grosselin, 50 c.

Tableaux (30) reproduisant la méthode. 3 fr.

Petites lectures morales ; premières notions de grammaire. 50 c.

Premières notions d'arithmétique, de géométrie et du système métrique. 50 c.

Premières notions de géographie et d'histoire naturelle. 75 c.

Deuxième année préparatoire.

Manuel de l'instituteur, comprenant : le développement des principes pédagogiques et le guide pratique de la deuxième année. 1 volume in 12, broché. 2 fr. 50 c.

Lectures morales et instructives ; Grammaire. 1 fr.

Arithmétique ; géométrie ; système métrique. 1 fr.

Géographie ; premières notions sur quelques phénomènes naturels. 75 c.

Histoire naturelle, leçons préparatoires à l'étude de l'hygiène. 1 fr.

Période élémentaire.

Manuel de l'instituteur, guide pratique de la période élémentaire. »

Grammaire avec exercices, lectures et dictées. 1 fr. 50 c.

Arithmétique ; géométrie appliquée ; système métrique, avec problèmes. 1 fr. 50 c.

Premiers éléments de cosmographie ; géographie. 1 fr. 50

Histoire naturelle. 1 fr. 50

Premières notions d'hygiène, de physique et de chimie. 1 fr.

Période moyenne.

Grammaire, accompagnée de dictées-exercices. 1 fr. 50

(Les autres ouvrages de la *période moyenne* sont en préparation.)

3° Instruction morale et religieuse, Livres d'offices.

Abrégé de l'histoire sainte avec les preuves de la religion, par demandes et par réponses. Nouv. édit. revue et annotée par M. l'abbé Doubet. In-18, cart. 50 c.

Bautain (l'abbé). *Méditations* sur les épîtres et les évangiles des dimanches et des fêtes. 1 vol. in-12, broché. 3 fr. 50 c.

— *Méditations sur les Épîtres et Évangiles du Carême.* 1 vol. in-12, 3 fr. 50 c. On vend aussi ces volumes reliés.

Ouvrages approuvés par Mgr l'archevêque de Paris.

De la Palme. *Histoire et morale de N.-S. Jésus-Christ,* suivant le texte des Evangiles. 36 pages grand in-18, broché, 15 c. ; cartonné, 20 c.

Élisabeth (sœur) du tiers ordre de Saint-François. *Histoire de la Sainte-Vierge Marie,* racontée à l'aide des tableaux des grands maîtres, pour l'usage des écoles et des familles. 1 vol. grand in-18, contenant 20 vignettes, cartonné, 1 fr.

Ouvrage recommandé par S. Em. le cardinal Donnet, archevêque de Bordeaux, par Mgr Mermillod, évêque d'Hébron, et approuvé par Mgr l'évêque de Beauvais.

Épîtres et Évangiles des dimanches et fêtes de l'année. Nouvelle édition accompagnée de prières pendant la messe,

et revue par M. l'abbé Legravereug. In-18, cart. 50 c.

Édition approuvée par Mgr l'évêque de Coutances.

Épîtres et Évangiles des dimanches et des principales fêtes de l'année, *extraits des traductions de Bossuet,* recueillis, complétés et accompagnés de notes prises en partie du même auteur ; par M. H. Wallon, membre de l'Institut. In-18, cartonné. 75 c.

Ouvrage approuvé ou recommandé par un grand nombre de prélats et adopté pour les écoles communales de la ville de Paris.

Fêtes de jeunes filles, scènes et dialogues, ouvrage dédié à M. l'abbé Bautain. 1 vol. in-12, br. 1 fr. 50 c.

Fleury. *Petit catéchisme historique,* contenant en abrégé l'Histoire sainte et la doctrine chrétienne, avec les demandes et les réponses. In-18, cart. 30 c.

Édition approuvée par Mgr l'archevêque de Cambrai.

Le même ouvrage, avec les questionnaires, sans les réponses. In-18 de 36 pages, broché, 20 c. ; cartonné, 25 c.

— *Mœurs des israélites et des chrétiens.* Nouv. édit. revue et annotée par M. l'abbé Legravereug. In-12, cart. 1 fr. 20 c.

Édition recommandée par Mgr l'évêque de Coutances.

Histoire abrégée de l'Ancien Testament, avec celle de N. S. Jésus-Christ, où sont contenues ses principales actions. Nouvelle édition revue et annotée par M. l'abbé Legravereng. In-12, cartonné.   90 c.
Édition recommandée par Mgr l'évêque de Coutances.

Lhomond. *Doctrine chrétienne* en forme de lectures de piété. Nouvelle édition, revue par M. l'abbé Delacouture. In-12, cartonné.   1 fr. 10 c.

— *Histoire abrégée de la religion* avant la venue de Jésus-Christ. Nouvelle édition revue par M. l'abbé Doubet. In-12, cartonné.   1 fr. 10 c.

— *Histoire abrégée de l'Église.* Nouvelle édition revue et continuée jusqu'à nos jours par M. l'abbé Doubet. In-12, cartonné.   1 fr. 10 c.

Monternault (Mme). inspectrice des salles d'asile et des écoles de filles de l'Académie de Douai. *Simples récits sur l'ancien et le nouveau Testament.* 1 vol. grand in-18 avec 75 vignettes, cartonné.   1 fr. 50 c.
Ouvrage approuvé par NN. SS. les archevêques de Cambrai, de Besançon et de Toulouse, et par NN. SS. les évêques d'Amiens, d'Arras, de Soissons, de Beauvais et de la Guadeloupe.

Paroissien romain (le), à l'usage des pensionnats et des communautés, contenant les offices des dimanches et fêtes de l'année, *avec les plains-chants en nota-tion moderne* et dans un diapason moyen, par M. F. Clément. 1 vol. in-18. 2 fr. 50 c.
La reliure, en basane gaufrée, tranche marbrée, se paye en sus 1 fr.; avec tranche dorée, 1 f. 75; la reliure, en chagrin, tranche dorée, 4 fr. 50.
Approuvé par NN. SS. les archevêques de Paris et d'Avignon, et l'évêque de Nevers.

Pensées chrétiennes, pour tous les jours du mois, extraites des œuvres du R. P. Bouhours ; nouvelle édition à laquelle ont été ajoutés : 1° des conseils à un enfant chrétien ; 2° une instruction sur la dévotion à saint Joseph ; 3° une instruction sur la dévotion aux anges gardiens, par M. l'abbé Doubet. 1 vol. in-18, cart. 40 c.
Ouvrage divisé par syllabes et destiné à servir de livre de lecture aux commençants.

Rendu, membre honoraire du Conseil de l'Université. *Petit traité de morale religieuse ;* 36 pages grand in-18, br. 15 c.; cartonné,   20 c.

Ségur (comtesse de). *Évangile d'une grand'mère.* 1 vol. in-12, cart. 1 fr. 50 c.
Ouvrage approuvé par S. Em. le cardinal archevêque de Bordeaux, par NN. SS. les archevêques de Sens et de Bourges et les évêques de Séez, de Poitiers, de Nîmes et d'Annecy.

Wallon, membre de l'Institut. *Vie de N. S. Jésus-Christ* selon les quatre Évangélistes. Livre de lecture courante à l'usage des écoles primaires. 3e édition. 1 volume in-12, cartonné.   1 fr.
Ouvrage approuvé ou recommandé par un grand nombre de prélats.

4° Méthodes de Lecture.

Alphabet et premier livre de lecture, à l'usage des écoles primaires. Grand in-18, avec figures, broché. 30 c.
    Cartonné.   35 c.
L'Alphabet seul. Grand in-18, broché, 10 c.; cartonné.   15 c.
Le premier livre de lecture seul. Grand in-18, broché, 20 c. : cartonné.   25 c.

Blanchon, instituteur communal à Versailles. *Auxiliaire alphabétique* en feuilles, avec une instruction.   1 fr. 50
Le curseur et trois petites cartes ardoisées se payent en sus, 1 fr. Le collage sur toile avec gorge et rouleau se paye en sus 3 fr. 50.

Mignon, instituteur du degré supérieur. *Méthode de lecture*, rédigée conformément à l'instruction ministérielle du 18 novembre 1871. 1 vol. in-12, cart.   60 c.
La même, en 20 tableaux.   4 fr.
Le collage des tableaux sur 10 cartons se paye en sus, 2 fr. 50.

— *Tableau mural*, en feuilles.   2 fr.
Le collage sur toile avec le curseur et trois alphabets mobiles 8 fr.

Pape-Carpantier (Mme). *Enseignement de la lecture* à l'aide du procédé phono-mimique de M. Grosselin. 1 vol. gr. in-18, cartonné.   50 c.

— *Tableaux* reproduisant la méthode, 30 tableaux.   3 fr.
Le collage sur 15 cartons se paye en sus, 3 fr. 75.

Régimbeau, ancien instituteur, chevalier de la Légion d'honneur. Nouvelle méthode simplifiant l'enseignement de la lecture par la décomposition du langage en sons purs et en sons articulés.
Cette méthode a été couronnée par la Société pour l'Instruction élémentaire et mentionnée honorablement à l'Exposition universelle de 1867.

— *Syllabaire-atlas pour l'enseignement collectif*, à l'usage des écoles et des salles d'asile, 72 tableaux imprimés en caractères de grande dimension, pour être lus à longue distance par tous les élèves d'une même classe. Lesdits tableaux réunis et cartonnés.   10 fr.

Le même, en feuilles, permettant d'appliquer lesdits tableaux de lecture à *l'enseignement par groupes* dans les écoles et les salles d'asile. 6 fr.

Le collage sur 36 cartons se paye en sus, 9 fr.

— *Petit syllabaire* à l'usage des élèves, reproduisant textuellement, ligne par ligne, la matière des 72 tableaux du *Syllabaire-atlas*. 1 vol. in-18, cart. 30 c.

Le *petit syllabaire* est l'instrument de l'élève comme le *syllabaire-atlas* est l'instrument du maître. Le *petit syllabaire* est disposé de telle sorte que l'élève peut toujours suivre des yeux et indiquer du doigt, sur son propre livre, les différentes parties de la leçon, au fur et à mesure que le maître les explique lui-même et les montre avec sa baguette sur le *Syllabaire-atlas*.

— *Tableaux de lecture spécialement destinés à l'enseignement par groupes*, 38 tableaux contenant des exercices plus nombreux et plus variés que ceux des tableaux précédents, mais imprimés en caractères plus fins. 3 fr.

Le collage sur 19 cartons se paye en sus, 4 f. 75.

— *Syllabaire des écoles*, avec 33 images intercalées dans le texte. 1 vol. in-12 de 96 pages, cartonné. 60 c.

Ce syllabaire, divisé en trois livrets qui se vendent séparément chacun 20 cent., est ainsi à la portée des plus petites écoles.

— *Grand tableau mural méthodique* représentant en très-gros caractères les divers éléments de la lecture, groupés dans un ordre gradué, pour faciliter l'enseignement de la lecture dans les classes nombreuses. Dimension : 1 m. 60 c. de hauteur sur 2 m. 40 c. de largeur. 5 fr.

Le collage sur toile avec gorge et rouleau se paye en sus 12 fr.

Le même tableau, format réduit, pour les petites écoles, à 1 m. 20 c. de hauteur sur 1 mètre 80 c. de largeur. 2 fr. 50 c.

Le collage sur toile avec gorge et rouleau se paye en sus 6 fr.

Tableaux de lecture avec ou sans épellation par MM. Lamotte, Perrier, Meissas et Michelot. 50 tableaux. 3 fr.

Les mêmes, augmentés de 16 tableaux supplémentaires. 66 tableaux. 4 fr.

Les 16 tableaux supplémentaires. 1 fr.

Manuel des tableaux de lecture, à l'usage des maîtres. 1 vol., br. 1 fr.

Le même, à l'usage des élèves. Grand in-18, broché, 25 c. ; cart. 30 c.

Les tableaux et les manuels sont autorisés par le Conseil de l'Instruction publique.

Tableaux de lecture, extraits de l'*Alphabet* et *premier livre de lectures*. 24 tableaux. 1 fr.

5° Livres de Lecture courante.

§ 1er. *Écoles primaires de garçons et de filles.*

Altemont (Louis d'). *Choix de poésies* propres à être apprises par cœur, extraites de divers auteurs et accompagnées de notes. 1 vol. in-18, 75 c.

Aulard, inspecteur d'académie. *Premières leçons de lecture courante.* In-18. 60 c.

Couronné par la Société pour l'Instruction élémentaire.

— *Deuxièmes leçons de lecture courante.* In-18, cartonné. 60 c.

— *Nouvelles leçons de lecture courante.* In-18, cartonné. 1 fr.

Barrau. *Devoirs des enfants envers leurs parents* In-18, avec vignettes, cart. 50 c.

Autorisé par le Conseil de l'Instruction publique et couronné par la Société pour l'instruction élémentaire.

— *Félix*, ou le jeune cultivateur. 1 vol. in-18 avec 4 vignettes, cart. 50 c.

— *Livre de morale pratique*, ou choix de préceptes et de beaux exemples. In-12 de près de 500 pages, avec gravures, cartonné. 1 fr. 50 c.

Autorisé par le Conseil de l'Instruction publique, approuvé par un grand nombre de prélats et adopté pour les écoles communales de la ville de Paris.

— *La patrie*, description et histoire de la France. In-12, avec grav., cart. 1 fr. 50 c.

Ouvrage dont l'introduction dans les écoles est autorisée par le Conseil de l'Instruction publique.

Barrau-Heuzé : *Simples notions sur l'agriculture.* 1 vol. in-12, cart. 1 fr. 50 c. Voir *Agriculture*, page 18.

Bibliothèque manuscrite des écoles primaires, ou exercices de lecture dans les manuscrits :

1re PARTIE : *Choix gradué de 50 sortes d'écritures* pour exercer à la lecture des manuscrits. 1re édition. 4 cahiers composés chacun de 32 pages grand in-8. et contenant :

Le cahier no 1. *Préceptes de conduite pour les enfants, et anecdotes instructives.*

Le cahier no 2. *Principaux événements de l'histoire ancienne et de l'histoire moderne.*

Le cahier no 3. *Modèles d'actes et de factures. Notions industrielles.*

Le no 4. *Modèles de style épistolaire.*

Les 4 cahiers réunis, cart. 1 fr. 30 c.
Chaque cahier. La douzaine, 3 fr. 90 c.

Autorisé par le Conseil de l'Instr. publique.

Le même ouvrage. Nouvelle édition refondue par M. Barrau. 4 cahiers composés chacun de 32 pages, grand in-8.

Cartonné, 1 fr. 30 c.
Chaque cahier. La douzaine. 3 fr. 90 c.

Ouvrage adopté pour les écoles communales de la ville de Paris.
Pour faciliter aux maîtres l'emploi de cette nouvelle édition, le texte des écritures a été reproduit page pour page en caractères typographiques très-lisibles, et forme un volume in-8 qui se vend. 1 fr. 50 c.

2e PARTIE : *Premières notions d'histoire naturelle et d'économie domestique*, 4 cahiers ornés de 40 dessins ou vignettes, composés chacun de 32 pages grand in-8, et contenant :

Le no 1. *Culture et emploi du blé.*
Le no 2. *Plantes, arbres et arbustes.*
Le no 3. *Animaux sauvages.*
Le no 4. *Animaux domestiques.*

Les 4 cahiers réunis, cart. 1 fr. 30 c.
Chaque cahier. La douzaine. 3 fr. 90 c.

Autorisé par le Conseil de l'Instr. publique.

3e PARTIE : *Histoire sainte et histoire de Notre Seigneur Jésus-Christ*, par M. H. Wallon, membre de l'institut, 4 cahiers, ornés de vignettes, composés chacun de 32 pages grand in-8, et contenant :

Le no 1. *Histoire sainte*, 1re partie.
Le no 2. *Histoire sainte*, 2e partie.
Le no 3. *Histoire sainte*, 3e partie.
Le no 4. *Histoire de Notre Seigneur Jésus-Christ.*

Les 4 cahiers réunis, cart. 1 fr. 30 c.
Chaque cahier. La douzaine. 3 fr. 90 c.

4e PARTIE : *Manuel épistolaire*, ou lettres choisies de grands écrivains et de personnages célèbres : 4 cahiers composés chacun de 32 pages in-8, et contenant :

Le no 1. *Lettres morales et instructives.*

Le no 2. *Lettres historiques et littéraires.*
Le no 3. *Lettres badines et familières.*
Le no 4. *Lettres de genres et de styles divers.*

Les 4 cahiers réunis, cart. 1 fr. 30 c.
Chaque cahier. La douzaine. 3 fr. 90 c.

Calemard de La Fayette, député à l'Assemblée nationale. *Petit Pierre* ou le bon cultivateur, 1 vol. in-12, avec gravures cart. 1 fr. 10 c.
Ouvrage dont l'introduction dans les écoles est autorisée par le ministre de l'Instr. publique.

Carraud (Mme Z.). *Contes et historiettes* à l'usage des jeunes enfants qui commencent à savoir lire. 1 vol. in-12, avec gravures cart. 1 fr. 10 c.
Ouvrage dont l'introduction dans les écoles est autorisée par le ministre de l'Instr. publique.

— *Maurice ou le travail.* 1 vol. in-12, avec gravures, cart. 1 fr. 10 c.
Ouvrage dont l'introduction dans les écoles publiques es autorisée par le ministre de l'instruction publique, approuve par NN. SS. l'archevêque de Paris et les évêques de Versailles, de Sées et de Quimper.

— *La petite Jeanne ou le devoir*, livre de lecture courante, à l'usage des écoles primaires de filles. In-12, avec gravures, cart. 1 fr. 10 c.
Ouvrage dont l'introduction dans les écoles est autorisée par le ministre de l'Instruction publique, couronné par l'Académie française et approuvé par S. Em. le cardinal Du Pont, archevêque de Bourges, et NN. SS. les évêques de Dijon, de Limoges, de Versailles, de Sées et de Quimper.

Choix de fables *de la Fontaine, Florian* et autres auteurs. Nouvelle édition augmentée et annotée, par A. Desportes. In-18 de 144 pages, cart. 50 c.

Choix de fables tirées de la Fontaine, de Florian et d'autres fabulistes, par M. DelaPalme. Grand in-18 de 36 pages, broché, 15 c.; cart. 20 c.

Civilité chrétienne (petite), ou règles de la bienséance, imprimée en caractères gradués. In-18 de 72 pages. broché 20 c.; cart. 25 c.
Autorisé par le Conseil de l'Instr. publique.

Corne (H.), ancien magistrat, député à l'Assemblée nationale. *Éducation intellectuelle* ; maximes et proverbes expliqués. 1 vol. grand in-18, cart. 1 fr. 25 c.
Ouvrage couronné par la Société pour l'instruction élémentaire.

Cortambert (E. et R.). *Les trois règnes de la nature*, simples lectures sur l'histoire naturelle; nouvelle édition avec un grand nombre de vignettes intercalées dans le texte. 1 vol. in-12, cart. 1 fr. 50 c.

Cuir (A. F.), instituteur. *Les petits écoliers*, lectures courantes sur les qualités

et les défauts des enfants. Grand in-18, avec 38 vignettes dans le texte, cart.   90 c.
Ouvrage approuvé par Mgr l'évêque de Versailles et couronné par la Société pour l'Instruction élémentaire.

Daniel (Mgr), ancien évêque de Coutances. *Choix de lectures* en prose et en vers, extraites des auteurs classiques, ou leçons abrégées de littérature et de morale. Nouvelle édition avec gravures. 1 vol. in-18, cart.   1 fr. 60 c.
Autorisé par le Conseil de l'Instr. publique.

De la Palme. *Premières lectures dans les manuscrits*. Grand in-18 de 36 pages, broché, 15 c.; cart. 20 c.

— *Le premier livre des petits enfants*. 1 vol. in-18, avec des gravures, cart.   50 c.

— *Premier livre de l'enfance*, ou exercices de lecture et leçons de morale, à l'usage des très-jeunes enfants. 1 vol. in-18, imprimé en très-gros caractères. cart. 60 c.
Autorisé par le Conseil de l'Instruction publique et adopté pour les écoles de la ville de Paris.

— *Premier livre de l'adolescence*, ou exercices de lecture et leçons de morale. 1 vol. in-18, imprimé en caractères gradués, cartonné   60 c.
Autorisé par le Conseil de l'Instruction publique et adopté pour les écoles de la ville de Paris.

Delon. *Lectures expliquées;* tableaux et récits accompagnés de développements et commentaires. 1 vol. in-12 avec gravures, cartonné.   1 fr.

Du Bos d'Elbhecq (Mme). *Le père Fargeau*, ou la famille du peigneur de chanvre, précédé d'une préface par M. l'abbé Faudet, curé de St-Roch, à Paris. 1 vol. in-12, cart.   1 fr. 25 c.
Ouvrage dont l'introduction dans les écoles est autorisée par le ministre de l'Instruction publique, approuvé ou recommandé par S. Em. le cardinal archevêque de Lyon et par NN. SS. les évêques d'Arras, de Beauvais, de Gap, du Mans, de Moulins, de Troyes et de Versailles.

Fénelon. *Les Aventures de Télémaque*. In-12, cart.   1 fr.

— *Fables*, par M. Ad. Regnier. 1 vol. petit in-16, avec vignettes, cart.   75 c.

— *Morceaux choisis*, à l'usage des enfants, publiés par M. Ad. Regnier. 1 vol. in-18, cartonné.   80 c.

Figuier. *Les grandes inventions modernes* dans les sciences, l'industrie et les arts. 1 vol. in-12 avec 138 figures dans le texte, cart.   1 fr. 50 c.

Florian. *Fables*, suivies des poëmes de Tobie et de Ruth, avec des notes de M. Geruzez. 1 vol. petit in-16, avec vignettes cart.   75 c.

Garrigues et Boutet de Monvel. *Simples lectures sur les sciences, les arts et l'industrie*. Nouvelle édition refondue et accompagnée de 157 figures intercalées

dans le texte. 1 fort volume in-12 avec vignettes, cart.   1 fr. 80 c.

Guillon (Mme). *La mère Justin*, protectrice des animaux. 1 vol. in-18, avec gravures, cart.   60 c.

— *Après la guerre; les travailleurs chez la mère Justin*. 1 vol. in-12, cart.   90 cr.

Humbert. *Jean le dénicheur* ou *misère et richesse*, in-18, cart.   50 c.
Ouvrage couronné par la Société protectrice des animaux et par la Société pour l'Instruction élémentaire.

La Fontaine. *Choix de fables*, avec une notice bibliographique et des notes tirées de l'édition classique publiée par M. Geruzez. In-18, cart.   1 fr.

Lebrun (Th.), ancien inspecteur des écoles primaires de la Seine. *Livre de lecture courante*, en quatre parties, contenant la plupart des notions utiles qui sont à la portée des enfants de huit à douze ans, 4 vol. in-18, avec gravures, cartonnés:
Ouvrage dont l'introduction dans les écoles est autorisée par le ministre de l'Instruction publique et adopté pour les écoles communales de la ville de Paris.

Chaque volume se vend séparément et contient une lecture pour chacun des jours de classe du trimestre.

1re partie (janv., fév., mars),	1 fr. 10 c.
2e partie (avril, mai, juin),	1 fr. 10 c.
3e partie (juil., août, sept.).	1 fr. 10 c.
4e partie (octob., nov., déc.),	1 fr. 10 c.

Monternault (Mme), inspectrice des écoles de filles de l'Académie de Douai. *Les saisons*, ou simples causeries pour les petites filles de 7 à 10 ans, 3e édition. 1 vol. gr. in-18, avec de nombreuses grav., cart.   90 c.
Ouvrage approuvé par NN. SS. les archevêques de Cambrai, de Besançon et de Reims, NN. SS. les évêques d'Arras, d'Amiens, de Soissons et de Gap.

— *Simples récits sur l'Ancien et le Nouveau Testament*. 1 vol. gr. in-18, cart. 1 fr. 50
Ouvrage approuvé par NN. SS. les archevêques de Cambrai et de Besançon, et les évêques d'Amiens et d'Arras et de la Guadeloupe.

Pape-Carpantier, inspectrice générale des salles d'asile. *Lectures et travail pour les enfants et les mères*, in-12 cartoné.   1 fr. 25 c.
Ouvrage couronné par la Société pour l'Instruction élémentaire.

— *Histoire du blé*. 1 vol. grand in-18, avec vignettes dans le texte, cart.   1 fr.

Parent, inspecteur de l'instruction primaire. *Premières lectures courantes*, comprenant : 1º des lectures sur les connaissances à la portée des enfants; 2º des récits moraux et instructifs; 3º des morceaux de poésie; 4º des préceptes de religion, de morale et de civilité. Ouvrage rédigé conformément à l'instruction ministérielle du 18 novembre 1871. 1 vol. in-12, avec vignettes, cart. 90 c.

'ellissier. *La gymnastique de l'esprit*, modèles et sujets d'exercices oraux et écrits, format grand in-18, cartonné :
1re partie, pour les enfants de 5 à 8 ans. 1 vol. avec figures, 60 c.
2e partie, pour les enfants de 7 à 10 ans. 1 vol. 80 c.
3 partie, 1. vol.

'oiré (P.). *Simples lectures sur les principales industries.* 1 vol. in-12, avec 163 vignettes dans le texte, cart. 1 fr. 50 c.

'sautier de David, en latin, avec une instruction sur la manière de prononcer le latin, des hymnes diverses et des prières durant la sainte messe. Nouvelle édition, revue par **M.** l'abbé Doubet, in-18, cartonné. 60 c.

Édition approuvée par Mgr l'archevêque de Paris.

Rendu (Ambroise). *Robinson dans son île, ou abrégé des aventures de Robinson,* in-18, cart. 50 c.
Autorisé par le Conseil de l'Instr publique.

Ségur (comtesse de). *Évangile d'une grand'mère,* 1 vol. in-12 cart. 1 fr. 50 c.

Soulice. *Premières connaissances.* In-18 de 72 pages, broc. 20 c.; cart. 25 c.

Wallon, membre de l'Institut. *Vie de N. S. Jésus-Christ,* livre de lecture courante. 1 vol. in-12, cart. 1 fr.
— *Jeanne d'Arc.* In-12, br. 1 fr.

Wirth (Mlle). *Le livre de lecture courante des jeunes filles chrétiennes :*
1re partie, à l'usage des classes élémentaires; 3e édition. 1 v. in-18, cart. 90 c.
2e partie, à l'usage des classes supérieures. 1 vol. in-12, cart. 1 fr. 40 c.

§ 2. *Classes d'adultes.*

Chaque volume, format in-12, se vend : broché, 1 fr. 25 c.; cartonné, en percaline gaufrée, avec titre doré, 1 fr. 75 c.

gassiz (M. et Mme). *Voyage au Brésil.* 1 vol.

unet (Mme d'). *Voyage d'une femme au Spitzberg.* 1 vol.

adin (Ad.). *Duguay-Trouin,* 1 vol.
- *Jean Bart.* 1 vol.

aines. *Voyage dans le sud-ouest de l'Afrique.* 1 vol.

aker. *Le lac Albert,* nouveau voyage aux sources du Nil. 1 vol.

aldwin. *Du Natal au Zambèse,* 1 vol.

arrau. *Conseils aux ouvriers.* 1 vol.

ernard (Fr.). *Vie d'Oberlin,* 1 vol.

onnechose (Émile de). *Bertrand du Guesclin.* 1 vol.
- *Le général Hoche,* 1 vol.

urton. *Voyage à la Mecque, aux grands lacs d'Afrique et chez les Mormons.* 1 vol.

alemard de La Fayette. *La prime d'honneur,* 1 vol.
- *L'Agriculture progressive,* 1 vol.

arraud (Mme Z.). *Une servante d'autrefois.* 1 vol.
- *Les veillées de maître Patrigeon,* entretiens familiers sur l'impôt, le travail, la richesse, la propriété, l'agriculture, la famille, la tempérance, etc. 1 vol.

harton (Ed.). *Histoire de trois enfants pauvres.* 1 vol.

orne (H.). *Le cardinal Mazarin.* 1 vol.
- *Le cardinal de Richelieu.* 1 vol.

orneille (P.). *Chefs-d'œuvre.* 1 vol.

Deherrypon. *La boutique de la marchande de poissons.*

De la Palme. *Le premier livre du citoyen.* 1 vol.

Duval (Jules). *Notre pays.* 1 vol.

Ernouf (le baron). *Histoire de trois ouvriers français :* Richard Lenoir, Bréguet, Brézin. 1 vol.
— *Deux inventeurs célèbres.* Philippe de Girard, Jacquart, 1 vol.
— *Denis Papin,* sa vie et son œuvre. 1 vol.

Franck (Ad.). *Morale pour tous.* 1 vol.

Franklin. *Œuvres,* traduites de l'anglais et annotées par M. Ed. Laboulaye, membre de l'Institut, 5 vol.
 Mémoires. 1 vol.
 Correspondance. 3 vol.
 Essais de morale. 1 vol.

Guillemin (Amédée). *La lune.* 1 volume illustré.
— *Le soleil.* 1 vol. illustré.
— *La lumière et les couleurs.* 1 vol. illusté.

Hauréau (B.). *Charlemagne et sa cour.*

Hayes. *La mer libre du pôle.* 1 vol.

Homère. *Les beautés de l'Iliade et de l'Odyssée,* par M. Giguet. 1 vol.

Joinville (sire de). *Histoire de saint Louis,* texte rapproché du français moderne, par Natalis de Wailly, 1 vol.

Jonvéaux (E.). *Histoire de quatre ouvriers anglais :* Henri Maudslay, G. Stephenson, W. Fairbair, James Nasmyth. 1 vol.

— Histoire de trois potiers célèbres : Bernard Palissy, Wedgwood, Böttger. 1 vol.

Labouchère (Alf.). *Oberkampf.* 1 vol.

Lacombe. *Petite histoire du peuple français.* 1 vol.

La Fontaine. *Choix de fables.* 1 vol.

Lanoye (de). *Le Nil et ses sources.* 1 vol.

Le loyal serviteur. *Histoire du gentil seigneur de Bayart,* abrégée par A. Feillet. 1 vol.

Livingstone. *Explorations dans l'Afrique australe.* 1 vol.

Mage. *Voyage dans le Soudan occidental.* 1 vol.

Meunier (Mme). *Entretiens familiers sur l'hygiène.* 1 vol.

— Entretiens familiers sur la botanique. 1 vol.

Milton et Cheadle. *Voyage de l'Atlantique au Pacifique.* 1 vol.

Molière. *Chefs-d'œuvre,* 2 vol.

Mouhot. *Voyage dans le royaume de Siam.* 1 vol.

Müller (Eug.). *La boutique du marchand de nouveautés.* 1 vol.

Palgrave. *Une année dans l'Arabie.* 1 vol.

Perron D'Arc. *Aventures d'un voyageur en Australie,* 1 vol.

Pfeiffer (Mme). *Voyage autour du monde.* 1 vol.

Piotrowski. *Souvenirs d'un Sibérien.* 1 vol.

Poirson. *Guide manuel de l'orphéoniste.* 1 vol.

Racine (Jean). *Chefs-d'œuvre,* 2 vol.

Reclus (E.). *Les phénomènes terrestres,* 2 vol.

Rendu (Victor). *Principes d'agriculture.* 2 vol.

— Mœurs pittoresques des insectes. 1 vol.

Shakspeare. *Chefs-d'œuvre.* 3 vol.

Speke (le capitaine). *Découverte des sources du Nil.* 1 vol.

Vambéry. *Voyages d'un faux derviche dans l'Asie centrale.* 1 vol.

6º Écriture.

Taupier. *Nouveaux cahiers d'écriture cursive,* destinés à être repassés à l'encre par les élèves et disposés pour apprendre simultanément à écrire en gros, en moyen et en fin, à l'usage des écoles primaires. 10 cahiers. Chaque cahier.   9 c.

Ouvrage dont l'introduction dans les écoles est autorisée par le ministre de l'Instruction publique.

— Nouveaux cahiers d'écriture bâtarde, ronde et gothique pour apprendre à écrire avec ou sans maître ; 6 cahiers in-8 oblong (2 cahiers de chaque sorte). Prix de chaque cahier.   15 c.

— Guide des nouveaux cahiers pour les écritures bâtarde et ronde. 1 cahier de 32 pages in-8 oblong.   75 c.

— Guide des nouveaux cahiers pour l'écriture gothique, 1 cahier de 32 pages in-8 oblong.   75 c.

— Tableaux muraux pour l'enseignement de l'écriture. Chaque tableau se compose de 4 feuilles colombier ayant ensemble 1 mètre 43 centimètres de hauteur sur 1 mètre 10 centimètres de largeur :

1º Ecriture cursive : lettres minuscules, 1 tableau.

2º Ecriture cursive : lettres majuscules, 1 tableau.

3º Ecriture bâtarde, ronde et gothique, 1 tableau.

Chaque tableau en feuilles.   3 fr.

Le collage sur toile avec gorge et rouleau et le vernissage se payent en sus 7 fr.

Thiolat : *L'Enseignement de l'écriture par les procédés combinés de l'imitation et du calque.* Huit cahiers de 20 pages in 4º couronne, fabriqués avec un bon et solide papier. Chaque cahier.   0 c.

7º Étude de la langue française.

Altemont (d'). *Narrations et lettres* (sujets et corrigés). 1 vol. in-12, br. 2 fr. 50 c.

— Choix de poésies, propres à être apprises par cœur, extraites de divers auteurs et accompagnées de note explicatives. In-18, cart.   75 c.

Barrau. *Méthode de composition et de style,* ou principes de l'art d'écrire en français, suivis d'un choix de modèles en prose et en vers ; 10º édition. 1 vol. in-12, cartonné.   2 fr. 75 c.

— Morceaux choisis des auteurs français à

l'usage des écoles normales primaires des instituteurs et des institutrices; 3e édit., 1 vol. in-12, br. 3 fr. 50 c.

Bonnaire. *Cours de thèmes français ou exercices d'orthographe, de syntaxe, d'analyse et de ponctuation.* In-12, cartonné. 1 fr. 20 c.
Corrigé des thèmes. In-12, br. 1 fr. 50 c.

Carraud (Mme). *Lettres de familles,* ou modèles de style épistolaire pour les circonstances ordinaires de la vie. 1 vol. in-12, cart. 1 fr. 10 c.

Defodon, rédacteur en chef du Manuel général de l'instruction primaire. *Cours de dictées;* 6e édition considérablement augmentée. In-12 cart. 2 fr.

Lhomond. *Éléments de la grammaire française.* In-12, cart. 30 c.
— *Abrégé de la grammaire française.* Grand in-18 de 36 pages, br., 15 c.; cartonné, 20 c.

Noël et Chapsal. *Nouvelle grammaire française.* 1 vol. in-12 cartonné. 1 fr. 50 c.
Autorisé par le Conseil de l'Instr. publique.
— *Exercices.* In-12, cart. 1 fr. 50 c.
— *Corrigé des exercices.* In-12, c. 2 fr. 10 c.
— *Exercices français supplémentaires.* In-12, cartonné. 1 fr. 50 c.
— *Corrigé des mêmes.* In-12, cart. 2 fr. 10 c.
—*Abrégé de la grammaire.* In-12, cart.90 c.
— *Exercices élémentaires* adaptés à l'abrégé de la grammaire. In-12, cartonné. 1 fr. 10 c.

Regnard (Mme). *Cours de dictées* à l'usage des jeunes filles. In-12. 1 fr. 80 c.
Couronné par la Société pour l'instruction élémentaire.
— *Compositions françaises,* à l'usage des jeunes filles. 1 vol. in-12, cart. 1 fr. 50 c.

Sardou. *Traité de la conjugaison des verbes.* In-12, cart. 50 c.

Sommer, agrégé de l'Université, docteur ès lettres. *Grammaire des écoles primai-*res, avec de nombreux exercices. 1 vol. in-12, cartonné. 80 c.
— *Grammaire des jeunes filles,* à l'usage des écoles et des pensionnats, avec des exercices spécialement rédigés par Mme Cécile Regnard. 1 vol. in-12, cart. 80 c.
— *Manuel de l'art épistolaire;* 4e édit. 2 vol. grand in-18, brochés. 3 fr. 25 c.
On vend séparément :
Sujets et préceptes de lettres, à l'usage des élèves. 1 vol. 1 fr. 25 c.
Modèles de lettres, à l'usage des maîtres. 1 vol. 2 fr.
— *Manuel de style,* ou préceptes et exercices sur l'art de composer et d'écrire le français, contenant des morceaux écrits en vieux style à rajeunir, des vers à mettre en prose, des exercices sur les homonymes et les synonymes, des sujets de fables, lettres, narrations et discours ; 7e édition. 2 vol. grand in-18, br. 3 fr.
On vend séparément :
Préceptes et exercices, à l'usage des élèves. 1 vol. 1 fr. 50 c.
Modèles, à l'usage des maîtres. 1 volume. 1 fr. 50 c.
— *Petit dictionnaire des synonymes français,* avec 1o leur définition ; 2o de nombreux exemples tirés des meilleurs écrivains; 3o l'explication des principaux homonymes français. 1 vol. in-18, cartonné. 1 fr. 80 c.

Soulice (Th.). *Petit dictionnaire de la langue française,* à l'usage des écoles primaires. Nouvelle édition entièrement refondue. 1 vol. in-18, cart. 1 fr. 50 c.
Le même ouvrage, suivi d'un complément historique et géographique, par M. Soulice fils. 1 fr. 80 c.
Le complément historique et géographique, seul. 1 vol. in-18, cart. 50 c.

Soulice et Sardou. *Petit dictionnaire raisonné des difficultés et exceptions de la langue française.* In-18, cart. 2 fr.
Autorisé par le Conseil de l'Instr. publique.

8o Géographie.

§ 1er. *Livres, Atlas.*

Ansart (F.) *Petite géographie moderne.* Nouvelle édition avec des gravures dans le texte. In-18, cart. 80 c.
Autorisé par le Conseil de l'Instr. publique.

Belin de Launay, inspecteur d'académie.

Petite géographie de la France. Grand in-18 de 36 pages, broché, 15 c.; cartonné. 20 c.

Cortambert. *Petite géographie illustrée du premier âge,* à l'usage des écoles et des familles, présentée sous forme d'entretiens, et accompagnée de 88 vignettes ou cartes. 1 vol. in-18, cartonné en percaline gaufrée. 80 c.

— *Petite géographie illustrée de la France*, à l'usage des écoles primaires, 1 vol. in-18, contenant de nombreuses vignettes dans le texte, cart. en percaline gaufréc. 80 c.

— *Petit atlas primaire*, composé de 15 cartes tirées en couleurs. 1 volume petit in-8, broché. 50 c.

— *Petit atlas élémentaire de géographie moderne*, à l'usage des écoles et des familles, composé de 22 cartes tirées en couleur. 1 vol. in-4, br. 90 c.

Le même, suivi d'une carte du département demandé. 1 fr. 15 c.

Le même, accompagné d'un texte explicatif en regard de chaque carte. 1 vol. in-4, br. 1 fr. 10 c.

Le même, suivi d'une carte du département demandé. 1 fr. 35 c.

— *Petite géographie* à l'usage des écoles primaires. 1 vol. in-18, avec gravures, cartonné. 60 c.

Couronné par la Société pour l'instruction élémentaire.

— *Petit atlas géographique du premier âge*, contenant 9 cartes coloriées, et précédé d'un texte explicatif. Grand in-18, cartonné. 80 c.

Ouvrage dont l'introduction dans les écoles est autorisée par M. le ministre de l'Instruction publique.

— *Petit cours de géographie moderne*, contenant de nombreux exercices ; nouvelle édition avec de nombreuses gravures dans le texte. In-12, cartonné. 1 fr. 50 c.

Autorisé par le Conseil de l'Instr. publique.

— *Petit atlas de géographie moderne*. Nouvelle édition gravée sur acier. Grand in 8, contenant 20 cartes imprimées en couleurs, cartonné. 2 fr. 50 c.

— *Petite géographie générale*. Grand in-18 de 36 pages, broché, 15 c. ; cartonné, 20 c.

— *Le globe illustré*, géographie générale à l'usage des écoles et des familles. 1 vol. in-4°, contenant de nombreuses gravures et 16 cartes tirées en couleur, cart. 4 fr.

Fillias. *Géographie de l'Algérie.* 1 vol. in-12, avec une carte, cartonné. 1 fr. 25 c.

Joanne (A.). *Géographies des départements de la France*, contenant la liste complète des communes du département et un dictionnaire alphabétique des localités les plus remarquables.

Chaque département, accompagné de vignettes intercalées dans le texte et d'une carte du département tirée en 4 couleurs, forme un volume in-12 élégamment cartonné et se vend séparément.

1re série, à 1 fr. 50 le volume.

En vente :

Charente ; Charente-Inférieure ; Doubs ; Gironde ; Isère ; Landes ; Loir-et-Cher ; Meurthe ; Rhône ; Seine-et-Marne ; Somme.

2e série, à 90 c. le volume.

En vente :

Aisne ; Allier ; Aube ; Bouches-du-Rhône ; Cantal ; Côte-d'Or ; Deux-Sèvres ; Haute Saône ; Indre-et-Loire ; Loire ; Loire-Inférieure ; Loiret ; Maine-et-Loire ; Nord ; Pas-de-Calais ; Saône-et-Loire ; Seine-et-Oise ; Seine-Inférieure.

En préparation : *Aude ; Corrèze ; Jura ; Oise ; Puy-de-Dôme ; Vienne.*

— *Dictionnaire géographique, administratif, postal, statistique, archéologique, etc., de la France, de l'Algérie et des colonies* ; 2e édition entièrement révisée et considérablement augmentée. 1 vol. gr. in-8 imprimé sur 2 colonnes (2700 pages). Broché. 25 fr.

Le cartonnage en percaline gaufrée se paye en sus 3 fr. 25 c., et la demi-reliure en chagrin, 5 fr.

— *Atlas de la France*, contenant 95 cartes, avec notices géographiques et statistiques. In-folio cartonné. 40 fr.

Chaque carte se vend séparément 50 c.

Meissas et Michelot. *Petit atlas élémentaire de géographie moderne* (Atlas A), huit cartes coloriées, grand in-8, cartonné. 2 fr. 50 c.

Autorisé par le Conseil de l'Instr. publique.

Le même (atlas B), avec les 8 cartes muettes. Cartonné. 3 fr. 50 c.

— *Petite géographie méthodique*, à l'usage des jeunes enfants. In-18, cartonné. 60 c.

Autorisé par le Conseil de l'Instr. publique.

— *Géographie sacrée.* In-18, cart. 1 fr. 25 c.

Autorisé par le Conseil de l'Instr. publique.

— *Tableaux de géographie.* 28 tableaux in-folio 3 fr.

— *Manuel de géographie.* In-18, cart. 75 c.

Autorisé par le Conseil de l'Instr. publique.

§ 2. *Cartes murales par MM. Meissas et Michelot.*

haque carte est accompagnée d'un questionnaire qui est donné gratuitement aux acquéreurs de la carte à laquelle il se réfère. Chaque questionnaire se vend en outre séparément 30 c.

GRANDES CARTES MURALES MUETTES OU ÉCRITES.

Les cartes en 16 feuilles ont 1 mètre 80 centimètres de hauteur sur 2 mètres 30 cent. de largeur. Celles en 20 feuilles ont 1 mètre 80 cent. de hauteur sur 2 mètres 80 cent. de largeur.

Le collage sur toile, avec gorge et rouleau et le vernissage se payent en sus : 1° pour les cartes en 16 feuilles, 12 fr. ; — 2° pour les cartes en 20 feuilles, 14 fr.

Géographie ancienne.

Empire romain écrit. 16 feuilles.   10 fr.
Italie et Grèce anciennes écrites. 16 feuilles.   10 fr.

Géographie moderne.

Afrique écrite. 16 feuilles.   10 fr.
Amériques septentrionale et méridionale écrites. 20 feuilles.   12 fr.
L'Amér. septentrionale, séparément, 12 f^lles. 8 fr.
L'Amér. méridionale, séparément, 8 f^lles. 6 fr.
Asie écrite. 16 feuilles.   10 fr.
Europe écrite. 16 feuilles.   9 fr.
Europe muette, 16 feuilles.   7 fr. 50 c.
France écrite par départements, *Belgique et Suisse;* nouvelle édition, où l'on a ajouté la division de la France en bassins et la division en gouvernements avant 1789. 16 feuilles.   · 9 fr.
Mappemonde écrite. 20 feuilles.   12 fr.
Mappemonde muette. 20 feuilles.   10 fr.

NOUVELLE CARTE MURALE.

Nouvelle carte murale écrite de la France

par départements, indiquant le relief du terrain, tirée en couleurs par la chromolithographie sur 12 feuilles jésus mesurant 1 mètre 95 de hauteur sur 2 mètres de largeur.   15 fr.
La même carte, muette.   15 fr.
Le collage sur toile avec gorge et rouleau et le vernissage se payent en sus, 12 fr.

PETITES CARTES MURALES ÉCRITES.

Les petites cartes murales conviennent aux écoles dans lesquelles les grandes cartes ne peuvent être placées à cause de leur dimension.

La *France,* l'*Europe,* l'*Asie* l'*Afrique* et la *Palestine* ont 1 mètre de hauteur sur 1 mètre 30 c. de largeur: la *Mappemonde* a 1 mètre 10 centimètres de hauteur sur 1 mètre 70 cent. de largeur ; l'*Amérique* a 1 mètre de hauteur sur 1 mètre 95 centimètres de largeur.

Le collage sur toile, avec gorge et rouleau et le vernissage se payent en sus : 1° pour la *France,* l'*Europe,* l'*Asie,* l'*Afrique* et la *Palestine* 5 fr.; 2° pour la *Mappemonde* et l'*Amérique,* 7 fr.

Afrique, 4 feuilles jésus.   5 fr.
Amériques septentrionale et méridionale, 6 feuilles jésus.   6 fr.
Asie, 4 feuilles jésus.   5 fr.
France, en 89 départements, *Belgique* et *Suisse,* 4 feuilles jésus.   4 fr. 50 c.
Europe, 4 feuilles jésus.   4 fr. 50 c.
Mappemonde, 8 feuill. grand raisin. 6 fr.
Palestine, 4 feuilles jésus   » »

§ 3. *Grandes cartes murales muettes ou écrites par Ehrard.*

Ces cartes sont imprimées en couleurs, sur 4 feuilles grand-monde, et ont 1 mètre 60 cent. de hauteur sur 1 mètre 78 de largeur. Elles indiquent par des teintes de nuances variées la configuration du sol et rendent facile l'étude de la géographie physique.

France muette ou écrite, d'après la carte

oro-hydrographique, publiée sous les auspices du ministère de l'instruction publique, par la commission de la topographie des Gaules,   20 fr.
Europe, sous presse,   20 fr.
Le collage sur toile avec gorge et rouleau et le vernissage, se payent en sus 12 francs.

§ 4. *Petite carte murale muette ou écrite par Ehrard.*

France muette ou écrite, réduction de la précédente, imprimée en couleurs ayant 82 cent. de haut, sur 90 de large.

En feuille,   7. fr.
Le collage sur toile avec gorge et rouleau et le vernissage se payent en sus 4 francs.

9° Histoire.

Daniel (Mgr), ancien évêque de Coutances. *Abrégé chronologique de l'histoire universelle.* Nouvelle édition publiée sous la direction de l'auteur, et continuée jusqu'à

nos jours par M. Ch. Marie, professeur au lycée de Caen. 1 fort vol. in-12, cartonné.   3 fr. 50 c.
Ouvrage dont l'introduction dans les écoles est

autorisée par M. le ministre de l'Instruction publique.

Ducoudray. *Premières leçons d'histoire de France*, à l'usage des écoles primaires. Ouvrage rédigé conformément aux programmes de la ville de Paris et du ministère de l'instruction publique (premier degré). 1 vol. in-18, avec vignettes, cartonné.   60 c.

Ouvrage adopté pour les écoles communales de la ville de Paris.

— *Nouvelles leçons d'histoire de France* (2ᵉ degré). 1 vol. in-18 avec vignettes. 1 fr.

Duruy (V.). *Petit cours d'histoire universelle*, format in-18, cartonné :

Petite histoire sainte.   80 c.
Vie de N. S. Jésus-Christ.   60 c.
Petite histoire ancienne.   1 fr
Petite histoire grecque.   1 fr.
Petite histoire romaine.   1 fr.
Petite histoire du moyen âge.   1 fr.
Petite histoire des temps modernes. 1 fr.
Petite histoire de France, depuis les temps les plus reculés, jusqu'à nos jours. 1 fr.
Petite histoire générale.   1 fr.

Ferté. *Petite histoire sainte*, comprenant l'Ancien et le Nouveau Testament ; 8ᵉ édition. 1 vol. in-12 avec vignettes, cart. 70 c.

Ouvrage approuvé par NN. SS. les évêques de Rodez, de Beauvais et de Versailles.

Geruzez. *Petit cours de mythologie.* Nouvelle édition. In-12, cart.   90 c.

Autorisé par le Conseil de l'Instr. publique.

Lesieur. *Petite histoire sainte.* Grand in-18 de 36 pages, broché, 15 c.; cart. 20 c.

— *Petite histoire ancienne.* Grand in-18 de 36 pages, broché, 15 c. ; cart.   20 c.

— *Petite histoire romaine.* Grand in-18 de 36 pages, broché, 15 c. ; cart.   20 c.

— *Petite histoire moderne.* Grand in-18 de 36 pages, broché, 15 c. ; cart.   20 c.

— *Les rois de France* et la chronologie des principaux événements de leur règne. Grand in-18 de 36 pages, br. 15 c.,cart. 20 c.

— *Petite mythologie.* Grand in-18 de 72 pages, broché, 25 c. ; cartonné.   30 c.

Meissas et Michelot. *Tableaux d'histoire de France.* 36 tableaux in-folio. 3 fr. 50 c.

— *Manuel d'histoire de France.* In-18. 75 c.

Saint-Ouen (Mme L. de). *Histoire de France*, depuis l'établissement des Francs dans les Gaules jusqu'à nos jours, avec les portraits des rois et une carte de la France à l'époque actuelle. In-18, cart. 80 c.

Autorisé par le Conseil de l'Instr. publique.

Simon, adjoint d'école normale primaire. *Histoire sainte abrégée* (Ancien et Nouveau Testament), présentant, dans une suite de récits empruntés à la Bible, le résumé complet de l'histoire sainte. Ouvrage rédigé conformément à l'instruction ministérielle du 18 novembre 1871, revu par M. l'abbé Manuel, missionnaire apostolique, et accompagné d'une carte. 1 vol. in-12, cart.   1 fr. 25 c.

Wallon, membre de l'Institut. *Abrégé de l'Histoire sainte* (Ancien et Nouveau Testament). 1 vol. in-18, cart.   75 c.

Ouvrage approuvé par Mgr l'archevêque de Paris, recommandé par un grand nombre d'autres prélats et adopté pour les écoles communales de la ville de Paris.

— *Petite histoire sainte*, extraite de la précédente ; avec questionnaire. 1 vol. in-18, cart.   50 c.

10° Arithmétique, Poids et Mesures, Tenue des livres.

Boutet de Monvel. *Arithmétique* à l'usage des écoles primaires, suivie de notions élémentaires sur le système métrique, et accompagnée de nombreux problèmes. In-18, cartonné.   75 c.

Bovier-Lapierre, professeur à l'École normale de Cluny. *L'arithmétique simplifiée.* 1 vol. in-12, cart.   1 fr. 50 c.

Cadrès Marmet. *Principes de tenue de livres très-simplifiée*, à partie simple et à partie double, avec un vocabulaire des termes les plus usités dans le commerce. In-18, cartonné.   60 c.

Autorisé par le Conseil de l'Instr. publique.

Girodde (P. L.). *Abrégé d'arithmétique.* In-18, cartonné.   75 c.

Autorisé par le Conseil de l'Instr. publique.

Courcelle-Seneuil. *Traité élémentaire de comptabilité et de tenue des livres.* 1 vol. in-12, broché.   2 fr.

Degranges (Edmond). *Éléments de la tenue des livres.* In-12, cart.   90 c.

Fauré, directeur d'école normale primaire. *Nouvelle arithmétique simplifiée des écoles primaires*, comprenant : 1° la théorie de l'arithmétique mise à la portée des enfants ; 2° de nombreux exercices de calcul mental et écrit ; 3° un grand nombre de problèmes d'applications ; 4° des questionnaires ; 5° l'indication des meilleurs procédés d'enseignement. Ouvrage rédigé conformément à l'instruction ministérielle du 18 novembre 1871. 1 vol. in-12, cartonné.   1 fr. 50 c.

Farrigues, vérificateur des poids et mesures. *Le système métrique*, avec figures dans le texte. 1 vol. in-18, cartonné. 75 c.

Lamotte. *Système légal des poids et mesures.* In-18, br. 30 c.
Autorisé par le Conseil de l'Instr. publique.

Ritt, ancien inspecteur général de l'instruction primaire. *Nouvelle arithmétique des écoles primaires*, divisée en deux parties : 1° *Théorie et pratique du calcul :* Nombres entiers, Fractions, Système métrique, Nombres complexes, Rapports, — 2° *Applications :* Applications arithmétiques, puissances et racines des nombres, Applications géométriques ; et contenant environ 1200 exercices et problèmes. In-12, cartonné. 1 fr. 50 c.
Ouvrage adopté pour les écoles communales de la ville de Paris.

— *Réponses et solutions raisonnées des exercices de calcul et problèmes contenus dans la Nouvelle Arithmétique des écoles primaires.* In-12, broché. Prix. 1 fr. 50 c.

— *Premières notions d'arithmétique et de calcul mental.* In-18, cartonné. 75 c.

Saigey. *Problèmes d'arithmétique et exercices de calcul du premier degré,* servant de complément à tous les traités d'arithmétique. In-18, contenant plus de 1800 problèmes. Broché. 75 c.
Autorisé par le Conseil de l'Instr. publique.

— *Solutions raisonnées des problèmes d'arithmétique du premier degré.* In-18, broché. 1 fr. 50 c.
Autorisé par le Conseil de l'Instr. publique.

— *Problèmes d'arithmétique et exercices de calcul du second degré,* avec leurs solutions raisonnées. In-18, br. Prix. 50 c.

— *Les poids et mesures du système métrique dans leur simplicité primitive et sans comparaison avec les anciennes mesures.* Grand in-18, broché, 15 c. ; cart. 20 c.
Autorisé par le Conseil de l'Instr. publique.

— *Tableau des poids et mesures du système métrique,* contenant les mesures fondamentales, les mesures dérivées et les applications, avec 30 figures enluminées représentant le mètre, les poids, les monnaies, les mesures de capacité, etc. 3 feuilles ayant ensemble 1 mètre de hauteur sur 1 mètre 49 centimètres de largeur. 1 fr. 50 c.
Le collage sur toile avec gorge et rouleau et le vernissage se payent en sus. 5 fr.

Tarnier, inspecteur primaire à Paris. *Nouvelle arithmétique théorique et pratique ;* 6e édition. 1 vol. in-12, cart. 2 fr.

— *Applications de l'arithmétique aux opérations pratiques.* Recueil de 100 questions modèles pour l'enseignement élémentaire ; 6e édition. 1 vol. in-12, cart. 2 fr.

— *Solutions raisonnées des exercices compris dans le précédent ouvrage.* 3e édit. 1 vol. in-12, cart. 2 fr. 50 c.

— *Petite arithmétique des écoles primaires,* 7e édition. In-18, cartonné. 75 c.
Ouvrage dont l'introduction dans les écoles est autorisée par le ministre de l'instruction publique et adopté pour les écoles communales de la ville de Paris.

— *Carte murale système métrique.* Mesures légales, effectives et de grandeur naturelle. 6 feuilles colombier coloriées ayant ensemble 1 mètre 60 cent de hauteur sur 2 mètres 15 de largeur. En feuilles. 10 fr.
Le collage sur toile avec gorge et rouleau et le vernissage se payent en sus. 12 fr.

— *Petit manuel raisonné du système légal des poids et mesures,* complément de toutes les arithmétiques et de toutes les cartes murales du système métrique. 1 v. in-12, » »

Tarnier et Bos. *Problèmes d'arithmétique* à l'usage des commençants (*Énoncés*). 1 vol. in-12, cartonné. 2 fr.

— *Solutions raisonnées desdits problèmes.* 1 vol. in-12, cart. 3 fr.

11° Géométrie, Arpentage, Topographie, Dessin linéaire.

Bouillon. *Principes de dessin linéaire ;* 6e édition. 24 planches in-4, avec un texte explicatif. Broché. 2 fr.
Autorisé par le Conseil de l'Instr. publique.

Briot et Vacquant. *Arpentage, levé des plans, nivellement,* à l'usage des instituteurs, des élèves des écoles normales et supérieures, etc. 4e édit. 1 vol. in-12 avec planches, broché. 3 fr.
Ouvrage dont l'introduction dans les écoles est autorisée par le ministre de l'Instr. publique.

Henriet (d'). *Cours rationnel de dessin,* à l'usage des écoles élémentaires. Ouvrage contenant 206 figures intercalées dans le texte et un album de 44 modèles lithographiés applicables au crayonnage, aux notions pratiques de perspective, au dessin usuel et à la figure. 1 vol. grand in-8 et 1 atlas in-4 brochés. 8 fr.

Lamotte. *Traité élémentaire d'arpentage.* In-12, avec planches, broché. 2 fr. 25 c.
Autorisé par le Conseil de l'Instr. publique.

— *Cours méthodique de dessin linéaire et de géométrie usuelle,* applicable à toutes les méthodes d'enseignement.
Autorisé par le Conseil de l'Instr. publique.

1re partie : *Cours élémentaire*, composé d'un atlas de 19 planches, grand in-4, et d'un vol. in-8 de texte.   4 fr.

2e partie : *Cours supérieur*, composé d'un atlas de 15 planches, gr. in-4, et d'un vol. in-8 de texte. Br.   4 fr.

— *Le dessin linéaire des demoiselles*, contenant les applications à l'ornement et à la composition, à la broderie, au dessin des châles, aux fleurs et au paysage. In-8,

avec un atlas de 15 planches, grand in-4.   5 fr.
Autorisé par le Conseil de l'Instr. publique.

Sonnet. *Premiers éléments de géométrie*, contenant les principales applications à l'architecture, au levé des plans, à l'arpentage, etc. ; 9e édition. 2 volumes in-12, texte et planches.   2 fr. 50 c.
Autorisé par le Conseil de l'Instr. publique.

— *Cours élémentaire de topographie.* 1 vol. in-12 avec 69 figures, cart.   2 fr.

12° Agriculture, Histoire naturelle, Physique, Chimie.

Barrau-Heuzé. *Simples notions sur l'agriculture*, les animaux domestiques, l'économie agricole et la culture des jardins. Nouvelle édition refondue conformément au programme pour l'enseignement agricole dans les écoles, par M. G. Heuzé, adjoint à l'inspection générale de l'agriculture . 1 volume in-12 avec 78 vignettes et 1 carte de la France agricole, cartonné.   1 fr. 50 c.

Boutet de Monvel. *Notions de physique.* 8e édition. 1 vol. in-12, avec des figures dans le texte, br.   3 fr. 50 c.

— *Notions de chimie.* 10e édition. 1 vol. in-12 avec figures dans le texte. 2 fr. 50 c.
Ces deux ouvrages, dont l'introduction dans les écoles est autorisée par le ministre de l'Instruction publique, comprennent les matières pour l'enseignement dans les écoles normales primaires.

Cortambert. *Les trois règnes de la nature*, simples lectures d'histoire naturelle. 1 v. in-12, avec 213 vignettes, c. 1 fr. 50 c.

Delafosse, membre de l'Institut. *Notions élémentaires d'histoire naturelle.* 3 vol. in-18, avec figures dans le texte, cart. 3 fr 75.
Autorisé par le Conseil de l'instr. publique.
On vend séparément :

La *zoologie*.   1 fr. 25 c.
La *botanique*.   1 fr. 25 c.
La *minéralogie*.   1 fr. 25 c.

Heuzé, adjoint à l'inspection générale de l'agriculture. *Carte murale de la France agricole*, imprimée en chromolithographie sur quatre feuilles colombier, ayant ensemble 1 mèt. 10 c. de hauteur sur 1 mèt. 45 de largeur.   6 fr.
Le collage sur toile, avec gorge et rouleau et le vernissage, se payent en sus.   7 fr.

— *La France agricole*, notions générales sur le sol, le climat, les engrais, les instruments, les cultures, les plantes, les assolements, les animaux, les agriculteurs célèbres, les concours et les fermes-écoles des différentes régions agricoles de

la France.

Région du sud : Pyrénées-Orientales, Aude, Hérault, Gard, Ardèche, Drôme, Vaucluse, Basses-Alpes, Bouches-du-Rhône, Var, Alpes-Maritimes, 1 vol.

Région du sud-ouest : Ariége, Haute-Garonne, Hautes-Pyrénées, Basses-Pyrénées, Landes, Gers, Tarn, Lot, Lot-et-Garonne, Dordogne, Charente, Charente-Inférieure, Gironde, 1 vol.

Région de l'ouest : Vendée, Loire-Inférieure, Côtes-du-Nord, Ille-et-Vilaine, Mayenne, Morbihan, Finistère, Maine-et-Loire, Deux-Sèvres, Vienne, 1 vol.

Chaque région forme un volume in-12, cartonné, avec de nombreuses figures intercalées dans le texte et une carte de la France agricole et se vend 1 fr. 25 c.

Menault : *Le berger*, 1 vol. in-32, avec vignettes, br.   50 c.

—— *Le vacher et le bouvier.* 1. vol. in-32, avec vignettes, br.   50 c.

Neveu-Derotrie. *Veillées villageoises, ou entretiens sur l'agriculture moderne*, à l'usage des écoles primaires rurales. Nouvelle édition comprenant toutes les matières indiquées par le programme d'enseignement pour les écoles normales primaires. In-12, cart.   1 fr. 25 c.
Autorisé par le Conseil de l'Instr. publique.

Périer (Mlle). *Simples entretiens sur la physique et la cosmographie.* 1 vol. in-12, avec gravures, cart.   1 fr. 25 c.

Rendu (Victor), inspecteur général de l'agriculture. *Principes d'agriculture* destinés à l'enseignement agricole ; 2e édition. 2 vol. in-12, br.   2 fr. 50 c.
On vend séparément :

Culture du sol, avec des vignettes dans le texte. 1 vol.   1 fr. 25 c.
Culture des plantes. 1 vol.   1 fr. 25 c.
Ouvrage dont l'introduction dans les écoles est autorisée par le ministre de l'Instr. publique.

— *Notions élémentaires d'agriculture*, à

l'usage des écoles primaires. 1 vol. grand in-18 avec figures, cart.   75 c.
Ouvrage couronné par la Société centrale d'agriculture.
— *Petit traité de culture maraîchère*, 1 vol. in-32, avec vignettes, br.   50 c.

— *La basse-cour*. 1 vol. in 32, avec vignettes, br.   50 c.

— *Les abeilles*, leurs mœurs, leur industrie, leur culture. 1 vol. in-32 avec vignettes, br.   50 c.

13° Musique.

Clément (Félix). *Le paroissien romain*, avec les plains-chants en notation moderne et dans un diapason moyen. 1 vol. in-18, br.   2 fr. 50 c.
— *Méthode complète de plain-chant*, d'après les règles du chant grégorien, à l'usage des séminaires, des chantres, des écoles normales primaires et des maîtrises. 1 vol. in-12, br.   2 fr. 50 c.
    Relié en basane.   3 fr. 50 c.
— *Tableaux de plain-chant*, avec l'indication des procédés à suivre dans l'enseignement simultané. 16 tableaux.   4 fr.
    Manuel des tableaux de plain-chant. In-12, broché.   75 c.
    Méthode d'orgue, d'harmonie et d'accompagnement, comprenant toutes les connaissances nécessaires pour devenir un organiste habile. 1 vol. in-4, br.   12 fr.
Quicherat (L.). *Traité élémentaire de musique*, contenant 180 exemples imprimés dans le texte. In-12 broché   1 fr. 50 c.
Autorisé par le ministre de l'Instr. publique.
Papin, professeur et maître de chapelle au lycée Saint-Louis. *Méthode pratique de musique vocale*, à l'usage des orphéons et

des écoles. Ouvrage divisé en trois parties qui se vendent séparément :
    Chaque partie, 1 vol. in-8, broché. 1 fr.
Il existe deux éditions de la première partie, l'une transcrite en *clef de fa* pour les voix graves, l'autre en *clef de sol* pour les voix aiguës. Avoir soin de désigner dans les demandes l'édition spéciale que l'on désire recevoir.
— *Les solféges classiques*. Recueil de leçons de grands maîtres italiens et français, disposé à deux parties, voix égales, à l'usage des orphéons et des écoles. Cet ouvrage, complément de la *méthode* du même auteur, est divisé en deux parties qui se vendent séparément :
    Chaque partie. 1 vol. in-8, br.   1 fr.
Roques (Léon). *L'accompagnement du plain-chant*, mis à la portée de tout le monde. 1 vol. in-12, broché.   60 c.
Savard (Augustin), professeur au Conservatoire national de musique de Paris. *Principes de la musique et méthode de transposition*. 1 vol. in-8, br.   4 fr.
Ouvrage approuvé par l'Académie des beaux-arts et adopté par le Conservatoire de musique.
— *Premières notions de musique*, extraites de l'ouvrage précédent. In-12, br.   50 c.

14° Notions de droit, Tenue des Actes de l'état civil.

Delacourtie, avocat, docteur en droit. *Éléments de législation usuelle*. 1 vol. in-12. br.   2 fr.
— *Éléments de législation commerciale et industrielle*. 1 vol. in-12, br.   3 fr.
Grün, *Guide et formulaire pour la ré-*

daction des actes de l'état civil et des procès-verbaux, certificats, déclarations et actes divers, à l'usage des secrétaires de mairie, des instituteurs ; 4ᵉ édition. Grand in-18, br.   1 fr. 50 c.
Autorisé par le Conseil de l'Instr. publique.

15° Gymnastique, Hygiène.

Vergnes, ex-capitaine instructeur de gymnastique. *Manuel de gymnastique*, à l'usage des écoles primaires, des écoles normales primaires, des lycées et des collèges; 4ᵉ édit. 1 joli vol. in-12 avec 170 fig. dans le texte et 4 planches d'appareils gymnastiques, cartonné.   2 fr. 25.
Ouvrage publié conformément aux programmes officiels annexés au décret du 3 février 1869.

Riant (Dʳ), médecin de l'École normale du département de la Seine. *Hygiène scolaire, influence de l'école sur la santé des enfants*. 1 vol. in-12 avec 42 figures, br.   3 fr.

Soubeiran (Dr). *Hygiène élémentaire* répondant aux programmes des écoles normales et des lycées. 1 volume in-12, broché.   1 fr. 50 c.

Voir, pour le *Matériel des écoles*, le Catalogue spécial.

ENSEIGNEMENT SPÉCIAL

Ouvrages destinés aux écoles et aux cours préparatoires pour les professions agricoles, industrielles et commerciales.

LANGUE FRANÇAISE.

Barrau. *Méthode de composition et de style*, ou principes de l'art d'écrire en français, suivis d'un choix de modèles en prose et en vers. In-12, cart. 2 fr. 75 c.

Demogeot, agrégé de la Faculté des lettres de Paris. *Textes classiques de la littérature française* extraits des grands écrivains français, avec notices biographiques, bibliographiques, appréciations littéraires et notes explicatives (2e année). 2 vol. in-12, cart. 4 fr. 50 c.
Tome I. *Moyen âge, renaissance,* XVIIe *siècle.* 3 fr.
Tome II. XVIIIe *et* XIXe *siècles.* 1 fr. 50

Lelion-Damiens, économe du collége Rollin. *Lectures ou dictées* (année préparatoire et 1re année), 2 vol. in-12, cart.
Tome I, à l'usage des contrées agricoles. 1 fr. 50 c.
Tome II, à l'usage des contrées commerciales. 1 fr. 50 c.

Pellissier, professeur au collége Chaptal et à Sainte-Barbe. *Premiers principes de style et de composition* (2e année), 1 vol. in-12, cart. 1 fr. 50 c.
— *Sujets et modèles de composition française* destinés à servir d'application aux *principes de style.* 1 vol. in-12, cart. 1f.50.
— *Morceaux choisis des classiques français*, en prose et en vers, adaptés au précédent ouvrage, 1 vol. in-12, cart. 1 fr.
— *Principes de rhétorique française* (3e année) 1 vol. in-12, cart. 2 fr. 50 c.
— *Morceaux choisis des classiques français*, en prose et en vers, adaptés au précédent ouvrage. 1 vol. in-12, cart. 2 fr.
— *Sujets et modèles de composition française*, destinés à servir d'application aux *principes de rhétorique.* 1 vol. in-12, cartonné. 2 fr. 50 c.

Sommer. *Grammaire de l'enseignement spécial*, avec de nombreux exercices. 3e édition. In-12, cart. 1 fr. 50 c.

HISTOIRE ET GÉOGRAPHIE.

Cortambert. *Géographie de la France* (année préparatoire), 1 vol. in-12, cartonné. 90 c.
— *Atlas correspondant.* Gr. in-8. 2 fr. 50 c.
— *Géographie des cinq parties du monde* (1re année), 1 vol. in-12, cart. 1 fr. 50 c.
— *Atlas correspondant.* In-8. 6 fr.
— *Géographie agricole, industrielle et commerciale de la France et de ses colonies* (2e année), 1 vol. in-12, cart. 2 fr.
— *Atlas correspondant.* Grand in-8. 4 fr.
— *Géographie commerciale des cinq parties du monde* (3e année), 1 vol. in-12, cart. 3 fr.
— *Atlas correspondant.* Grand in-8.

Ducoudray et Feillet. *Simples récits d'histoire de France* (année préparatoire). 1 vol. in-12, cart. 2 fr.
— *Simples récits d'histoire ancienne, grecque, romaine et du moyen âge* (1re année). 1 fort vol. in-12, cart. 2 fr. 50 c.

Ducoudray (G.), agrégé d'histoire. *Histoire de la France depuis l'origine jusqu'à la révolution française, et grands faits de l'histoire moderne, de 1453 à 1789* (2e année), 1 vol. in-12 cart. 2 fr. 50 c.
— *Histoire de France et histoire générale depuis 1789 jusqu'à nos jours* (3e année), 1 vol. in-12, cart. 2 fr. 50 c.

Joanne. *Géographies des départements de la France.* Voir *Enseignement primaire*, page 14.

Sardou, ancien professeur à l'Ecole de commerce et des arts industriels. *Abrégé de géographie commerciale et industrielle*, indiquant pour chaque Etat : sa situation maritime; les principaux ports de mer; les places de commerce et centres de grande fabrication; le climat; les productions naturelles; les canaux et chemins de fer; les revenus, la dette publique, etc.; et pour la France en particulier : ses richesses agricoles, minérales et industrielles; le mouvement général de son commerce avec l'étranger, la nature et la valeur des importations et exportations, la navigation, la grande pêche, etc.; avec un tableau des monnaies, poids et mesures de tous les pays; 6e édit., in-12, br. 4 fr.
Autorisé par le Conseil de l'Instr. publique. J

MORALE, LÉGISLATION, ÉCONOMIE POLITIQUE, INDUSTRIE.

Delacourtie, avocat, docteur en droit.
Éléments de législation usuelle (3e année),
4e édition. 1 vol. in-12, cart. 2 fr.
— *Éléments de législation commerciale et
industrielle* (4e année), 2e édition. 1 vol.
in-12, cartonné. 3 fr.

Figuier (L.). *Les grandes inventions modernes* dans les sciences, l'industrie et
les arts (4e année). 1 vol. in-12 avec 138
figures dans le texte, cart. 1 fr. 50 c.

Franck (Adolphe), membre de l'Institut.
Éléments de morale (3e et 4e années),
4e édition. 1 vol. in-12, cart. 2 fr.

Levasseur, membre de l'Institut. *Cours
d'économie rurale, industrielle et commerciale* (4e année), 1 volume in-12, cartonné. 3 fr.

Poiré (P.). *Simples lectures sur les principales industries* (4e année), 1 vol. in-12, avec
163 vignettes dans le texte, cart. 1 fr. 50

ARITHMÉTIQUE ET APPLICATIONS, TENUE DES LIVRES, CORRESPONDANCE COMMERCIALE.

Bovier-Lapierre, professeur de mathématiques à l'école normale de Cluny.
Arithmétique (année préparatoire et 1re
année). 1 vol. in-12, cart. 2 fr. 50 c.
— *Traité d'arithmétique commerciale*
(2e année). 1 vol. in-12, cart. 1 fr. 50 c.

Courcelle-Seneuil. *Cours de comptabilité* (1re, 2e, 3e et 4e années). 4 vol. in-12,
cartonnés : chaque vol. se vend séparément. 1 fr. 50 c.

Dupuis (J.), proviseur du lycée de Bourges. *Tables de logarithmes* à cinq déci-
males, d'après J. de Lalande. Édition
stéréotype disposée à double entrée et
contenant les logarithmes de 1 à 10 000,
les logarithmes des sinus et des tangentes
des arcs, calculés de minute en minute
dans la supposition de $R = 1$, et un très-
grand nombre de tables usuelles. 1 vol.
gr. in-18, broché. 2 fr.
Cartonné en percaline gaufrée. 2 fr. 50 c.

Goujon et Sardou. *Cours complet de
tenue de livres et d'opérations commerciales*, comprenant : — l'analyse des opérations du commerçant et les premières
écritures qui servent à les constater ; — la
théorie des comptes courants ; — les
comptes d'intérêts par toutes les méthodes ;
— la tenue des livres en partie simple et
en partie double ; — la correspondance : —
les effets publics ou rente sur l'État ; les
matières d'or et d'argent — les changes

et les arbitrages ; — les comptes en parti-
cipation ; — les actes de société ; — les
écritures des sociétés par actions, etc. ;
5e édition, 1 vol. in-8, br. 5 fr.
Ouvrage dont l'introduction dans les écoles est
autorisée par le ministre de l'Instruction publique.
— *Solutions des exercices* contenus dans le
Cours complet de tenue de livres et
d'opérations commerciales. In-8, broché. 2 fr. 50 c.

Jeanne, directeur de l'école de commerce
de Toulouse. *Cours d'arithmétique commerciale* (2e année), 1 vol. in-12, cartonné. 3 fr.

Pichot, professeur au lycée Louis-le-Grand.
Éléments d'arithmétique (année préparatoire et 1re année), 1 vol. in-12, cartonné. 2 fr. 50 c.

Sonnet. *Problèmes et exercices d'arithmétique et d'algèbre* sur les principales
questions usuelles relatives au commerce,
à la banque, aux fonds publics, aux établissements de prévoyance, à l'industrie,
aux sciences appliquées, etc. 2 vol. in-8,
brochés. 5 fr.
On vend séparément :
1re partie : *Énoncés*. 1 vol. 2 fr.
2e partie : *Solutions raisonnées*. 1 volume. 3 fr.

GÉOMÉTRIE, ARPENTAGE ET TOPOGRAPHIE.

Bezodis, professeur au lycée Henri IV.
Notions sur les courbes usuelles (4e année). 1 vol. in-12, cart. 1 fr. 50 c.

Briot et Vacquant. *Arpentage, levé des
plans, nivellement* ; 4e édition, 1 vol. in-
12, avec figures intercalées dans le texte
et des planches, broché. 3 fr.
Ouvrage dont l'introduction dans les écoles est autorisée par le ministre de l'Instruction publique.

Saint-Loup, professeur à la Faculté des
sciences de Besançon. *Géométrie plane*
(année préparatoire), 4e édition. 1 vol.
in-12, cartonné. 1 fr.
— *Géométrie plane* (1re année). 2e édition.
1 vol. in-12 cart. 2 fr.
— *Géométrie dans l'espace* (2e année). 2e édit.
1 vol. in-12, cart. 1 fr. 50 c.

Sonnet, *Géométrie théorique et pratique*,
contenant de nombreuses applications au
dessin linéaire, à l'architecture, à l'arpentage, au levé des plans à la perspective,
aux ombres, etc., et les premiers éléments
de la géométrie descriptive ; 7e édition.
2 vol. in-8, texte et planches, brochés. 6 fr.
Autorisé par le Conseil de l'Instr. publique.
— *Premiers éléments de géométrie*, extraits
du précédent ouvrage ; 10e édition, 2 vol.
in-12, texte et planches, br. 2 fr. 50 c.
Autorisé par le Conseil de l'Instr. publique.

—*Cours élémentaire de topographie.* 1 vol. in-12 avec vignettes, cart.   2 fr.

ALGÈBRE, TRIGONOMÉTRIE, GÉOMÉTRIE DESCRIPTIVE.

Bezodis, professeur au lycée Henri IV. *Notions élémentaires de trigonométrie rectiligne* (4e année), 2e édition. 1 vol. in-12, cartonné.   1 fr. 50 c.

Bovier-Lapierre, professeur de mathématiques à l'Ecole normale de Cluny. *Traité élémentaire de trigonométrie rectiligne,* rédigé sur un plan nouveau (4e année). 1 vol. in-8 avec 23 figures intercalées dans le texte, br.   2 fr. 50 c.

Kiæs. *Cours élémentaire de géométrie descriptive* (3e et 4e années); 5e édition. 2 vol. in-12, texte et planches, cart.   5 fr.

Sonnet. *Principes d'Algèbre,* mis en harmonie avec les programmes officiels de l'enseignement spécial par M. Jeanne. (3e et 4e années), 1 vol. in-12, cart. 2 fr. 50 c.

MÉCANIQUE.

Collignon, répétiteur à l'École polytechnique. *Cours élémentaire de mécanique:*
Troisième année (1re partie, *cinématique*). 1 vol. in-12.   1 fr. 80 c.
Troisième année (2e partie, *statique*). 1 vol. in-12.   2 fr. 20 c.
Quatrième année (*dynamique*), 1 vol. (sous presse).

Dessins muraux pour l'enseignement de la mécanique dans les lycées et colléges d'enseignement spécial (arrêté ministériel du 27 octobre 1867) imprimés en couleur sur 4 feuilles colombier mesurant ensemble 1 mètre 45 de longueur sur 1 mètre de hauteur.
Prix de chaque dessin mural.   6 fr.
Le collage sur toile avec gorge et rouleau et le vernissage se payent en sus.   7 fr.
    Roue en dessous; roue de côté; roue en dessus; turbine Fontaine; turbine Jonval; bélier hydraulique; locomobile; locomotive.

Morin (le général), membre de l'Institut (Académie des sciences). *Aide-mémoire de mécanique pratique;* 6e édition. 1 vol. in-8, broché.   9 fr.
—*Notions géométriques* sur les mouvements et leurs transformations, ou éléments de *cinématique;* 4e édition. 1 vol. in-8, broché.   5 fr.
— *Notions fondamentales de mécanique et données d'expérience;* 3e édition. 1 vol. in-8 avec des figures dans le texte et des planches, broché.   7 fr. 50 c.

Morin et Tresca. *Dessins coloriés pour l'enseignement de la mécanique* publiés sous la direction du général Morin et par les soins de M. Tresca. 30 planches de 49 centimètres sur 64 centimètres. Prix.   40 fr.
Les 30 planches se divisent en quatre séries qui se vendent comme suit :
1º Organes de transmission du mouvement. 12 planches. Prix, 18 fr.
2º Roues hydrauliques et autres récepteurs. 6 planches. Prix, 10 fr.
3º Machines hydrauliques. 7 planches. Prix, 12 fr.
4º Machines à vapeur. 5 planches. Prix, 10 fr.
Chaque planche se vend séparément.   2 fr.

Robinet. *Cours complet de dessin des machines,* appliqué à la construction. Voir ci-après page 23.

PHYSIQUE, CHIMIE, AGRICULTURE, HISTOIRE NATURELLE, COSMOGRAPHIE,

Dehérain, professeur au collége Chaptal, et **Tissandier** : *Eléments de chimie.* 4 vol. in-12, avec des figures intercalées dans le texte, cartonnés :
Première année. 1 vol.   1 fr. 50 c.
Deuxième année. 1 vol.   2 fr. 50 c.
Troisième année. 1 vol.   3 fr.
Quatrième année. 1 vol.   2 fr. 50 c.

Gervais, membre de l'Institut. *Eléments de zoologie,* avec des figures intercalées dans le texte. 5 vol. in-12 cartonnés :
Année préparatoire : *Notions préliminaires,* 1 vol.   1 fr. 25 c.
Première année : *Mammifères,* 1 volume.   3 fr. 50 c.
Deuxième année : *Vertébrés, ovipares, animaux sans vertèbres.* 1 v. 2 fr. 50 c.
Troisième année : *Anatomie et physiologie des animaux.* 1 vol.   2 fr. 50 c.
Quatrième année : *Zoologie appliquée à l'agriculture, à l'industrie et à l'hygiène.* 1 vol. (sous presse).

Gervais, Marchand et Raulin. *Notions élémentaires d'histoire naturelle :* Zoologie, Botanique, Géologie. 5 volumes in-12 avec fig. dans le texte, cartonnés :
Année préparatoire. 1 vol.   3 fr.
Première année. 1 vol.   3 fr.
Deuxième, troisième et quatrième année. 3 vol. en préparation.

Gossin, proviseur du lycée de Toulon. *Cours élémentaire de physique,* avec figures, 4 vol. in-12 cartonnés :
Première année. 1 vol.   3 fr.
Deuxième année. 1 vol.   3 fr.
Troisième année. 1 vol.   3 fr.
Quatrième année. 1 vo   3 fr.

Vuillemin (Amédée). *Éléments de cosmographie* (3e année). 1 volume in-12, avec des figures intercalées dans le texte, cartonné.   3 fr. 50 c.

Marchand (docteur Léon), agrégé de l'école de pharmacie de Paris. *Éléments de botanique* avec figures dans le texte. 4 vol. in-12 cart.

    Année préparatoire. 1 vol.   1 fr. 25 c.
    Première année. 1 vol.   1 fr. 50 c.
    Deuxième année. 1 vol.   1 fr. 50 c.
    Troisième et quatrième années : *classification et usages des plantes*. 1 vol. 3 fr.

Marié-Davy. *Notions préliminaires de physique* (1re année). 1 vol. in-12, avec des figures dans le texte, cartonné. 3 fr.

Raulin, professeur à la faculté des sciences de Bordeaux. *Éléments de géologie*. 5 vol. in-12 avec figures dans le texte, cartonnés :

    Année préparatoire. 1 vol.   2 fr. 50 c.
    Première année : *Géologie de la France*. 1 vol.   1 fr. 25 c.
    Deuxième année, 1 vol.   1 fr. 50 c.
    Troisième année, 1 vol. (sous presse).
    Quatrième année : *Physique terrestre*, par MM. Marié-Davy et Sonrel, 1 volume.   1 fr. 80 c.

DESSIN LINÉAIRE ET INDUSTRIEL, DESSIN D'IMITATION.

Bouillon. *Exercices de dessin linéaire*, présentant un choix très-varié de modèles pratiques d'architecture, de menuiserie, de charpente, de serrurerie, de marbrerie et d'ameublement. 24 planches in-fol., avec un texte explicatif, in-8.   5 fr.
Autorisé par le conseil de l'Instr. publique.

Chazal, professeur de dessin au lycée Henri IV : *Modèles de dessin d'imitation*, à l'usage des lycées et des écoles. Études d'architecture, d'ornement et de figures, choisies parmi les spécimens de l'art dans les époques égyptienne, assyrienne, grecque, romaine et de la renaissance.

    Trois séries de 20 planches in-folio.
    Chaque série de 20 planches.   15 fr.
    Chaque planche séparément.   1 fr.

Henriet (d'). *Cours rationnel de dessin*, à l'usage des écoles élémentaires. Ouvrage contenant 206 figures intercalées dans le texte et un album de 44 modèles lithographiés applicables au crayonnage, aux notions pratiques de perspective, au dessin usuel et à la figure. 1 vol. grand in-8 et un atlas in-4 brochés.   8 fr.

Morin et Tresca. *Modèles de dessin et de lavis*, publiés sous la direction du général Morin, de l'Académie des sciences, et par les soins de M. Tresca, sous-directeur du Conservatoire des arts et métiers :

    1re *série*, comprenant 22 planches, savoir : 10 planches d'ornement, 6 planches de géométrie, 4 planches de levé de plans et de bâtiments, et 2 planches de lavis.   6 fr.
    2e *série*, comprenant 14 planches, savoir : 6 planches de géométrie et projections et 8 planches de levé de plans et topographie.   4 fr.
    3e *série*, comprenant 12 planches, savoir : 5 cartes géographiques, 1 planche de géométrie et 6 planches de lavis de machines.   3 fr. 25 c.

Normand fils, **Douliot** et **Krafft**. *Cours de dessin industriel* ; 3e édition. 1 volume in-8 avec un atlas de 34 planches in-folio.   7 fr. 50 c.

Ottin, grand prix de Rome. *Méthode élémentaire de dessin* comprenant l'étude des lignes, des mesures des angles, de l'ombre et de la lumière. Ouvrage composé d'un texte explicatif et de 66 planches in-4.   7 fr.

Robinet, ingénieur dessinateur. *Cours complet de dessin des machines*, appliqué à la construction, comprenant 150 planches in-folio, avec un texte explicatif, in-8, br.   30 fr.

GYMNASTIQUE.

Vergnes. *Manuel de gymnastique*, avec de nombreuses figures et quatre grandes planches d'appareils ; 4e édition. 1 vol. in-12, cartonné.   2 fr. 25 c.

MANUEL GÉNÉRAL
DE L'INSTRUCTION PRIMAIRE

JOURNAL HEBDOMADAIRE

DES INSTITUTEURS ET DES INSTITUTRICES

RÉDACTEUR EN CHEF : CHARLES DEFODON.

42ᵉ ANNÉE

Prix de l'abonnement : un an, 6 fr.

*On ne s'abonne que pour un an; l'année commence au premier janvier ;
mais les abonnements peuvent se prendre du 1ᵉʳ de chaque mois.*

Le *Manuel général* paraît, chaque semaine, par numéro de 16 pages in-8, et se compose de deux parties distinctes, l'une *générale*, l'autre *scolaire*.

La *Partie générale* (huit pages) contient les actes officiels relatifs à l'instruction primaire ; une revue hebdomadaire des faits concernant l'enseignement des écoles en France et à l'étranger ; des articles sur les questions à l'ordre du jour relatives à l'administration de l'instruction primaire ; des articles de pédagogie pratique, notamment des sujets de composition qui sont proposés aux instituteurs sous forme de concours volontaires et le compte rendu anonyme d'un grand nombre de compositions (tous les mémoires sont renvoyés à leurs auteurs avec des annotations); des articles de variétés, surtout de variétés pédagogiques ; un cours suivi de langue allemande à l'usage des instituteurs ; des comptes rendus de livres et procédés d'enseignement ; une correspondance avec les abonnés sur les questions administratives qui peuvent les intéresser ; les comptes rendus *in extenso* de celles des séances de l'Assemblée nationale qui ont rapport aux intérêts de l'instruction primaire, comptes rendus qui ne se trouvent guère, sous cette forme, que dans le *Journal officiel ;* le texte officiel des lois et des actes les plus importants du gouvernement.

La *Partie scolaire* comprend des leçons familières de morale appliquée à nos devoirs envers la patrie ; un cours complet de langue française sous forme de développements à l'usage des maîtres ; des dictées et exercices pour les trois cours d'une école primaire, avec explications et corrigés selon le besoin, des exercices gradués de calcul mental pour le cours élémentaire et pour le cours moyen ; des exercices et problèmes divers d'arithmétique à l'usage de ces mêmes cours ; des sujets de composition française avec le corrigé ; des problèmes d'arithmétique, d'arpentage, de géométrie, s'adressant aux cours supérieurs ou aux maîtres eux-mêmes (la plus grande partie de ces problèmes, ainsi que les exercices ou problèmes pour le cours élémentaire et le cours moyen, sont empruntés aux divers examens et concours pour le brevet ou entre les écoles); des leçons de sciences physiques et naturelles, d'histoire et de géographie à l'usage des maîtres ; des leçons et des lectures pour les écoles ; des sujets de compositions donnés dans les examens ou concours pour le certificat d'études, pour les écoles normales, pour le brevet de capacité d'instruction primaire, pour le volontariat d'un an.

Moyennant un supplément de 4 fr. par an, les abonnés peuvent recevoir vingt-quatre modèles de dessins gradués, formant un *Cours rationnel de dessin* à l'usage spécial des écoles primaires ; ces modèles sont tirés hors texte ; le texte du cours de dessin, avec vignettes à l'appui, est inséré dans la *partie générale.* Dans les années précédentes, les principes généraux du dessin ont été développés ; l'année courante comprend l'application de ces principes au DESSIN LINÉAIRE, notamment à la *topographie,* ainsi qu'au DESSIN D'ORNEMENT. La première partie du *Cours de dessin* publié par le *Manuel général* a été réunie en volume sous le titre de *Cours rationnel de dessin,* par M. L. D'HENRIET. Prix : texte et album, 8 fr.

Paris. — Imprimerie Viéville et Capiomont, rue des Poitevins, 6.

LIBRAIRIE HACHETTE ET Cie

TRADUCTIONS JUXTALINÉAIRES

DES

PRINCIPAUX AUTEURS CLASSIQUES GRECS

FORMAT IN-12.

*Cette collection comprendra les principaux auteurs
qu'on explique dans les classes.*

EN VENTE :

ARISTOPHANE : Plutus. 2 fr. 25 c.
— Morceaux choisis, par C. Poyard. 6 fr.
BABRIUS. Fables.............. 4 fr.
BASILE (Saint) : De la lecture des
  auteurs profanes....... 1 fr. 25 c.
— Contre les usuriers......... 75 c.
— Observe-toi toi-même ...... 90 c.
CHRYSOSTOME (S. JEAN) : Homé-
  lie en faveur d'Eutrope...... 60 c.
— Homélie sur le retour de l'évêque
  Flavien.................... 1 fr.
DÉMOSTHÈNE : Discours contre la
  loi de Leptine .... 3 fr. 50 c.
— Discours pour Ctésiphon ou sur la
  Couronne............. 3 fr. 50 c.
— Harangue sur les prévarications de
  l'ambassade................. 6 fr.
— Les trois Olynthiennes. 1 fr. 50 c.
— Les quatre Philippiques..... 2 fr.
ESCHINE : Discours contre Ctésiphon.
  Prix.................... 4 fr.
ESCHYLE : Prométhée enchaîné. 3 fr.
— Les Sept contre Thèbes. 1 fr. 50 c.
ÉSOPE : Fables choisies.. 1 fr. 25 c.
EURIPIDE : Électre.......... 3 fr.
— Hécube................... 2 fr.
— Hippolyte........... 3 fr. 50 c.
— Iphigénie en Aulide.. .... 3 fr.
GRÉGOIRE DE NAZIANZE (Saint) :
— Éloge funèbre de Césaire. 1 fr. 25 c.
— Homélie sur les Machabées. . 90 c.
GRÉGOIRE DE NYSSE (Saint) :
— Contre les usuriers......... 75 c.
— Éloge funèbre de saint Mélèce. 75 c.
HOMÈRE : Iliade, 6 volumes. 20 fr.
  Chants I à IV. 1 vol..... 3 fr. 50 c.
  Chants V à VIII. 1 vol... 3 fr. 50 c.
  Chants IX à XII. 1 vol.... 3 fr. 50 c.
  Chants XIII à XVI. 1 vol... 3 fr. 50 c.
  Chants XVII à XX. 1 vol.. 3 fr. 50 c.
  Chants XXI à XXIV. 1 vol. 3 fr. 50 c.
  Chaque chant séparément. 1 fr.
— Odyssée. 6 vol.............. 24 fr.
  Chants I à IV. 1 vol............ 4 fr.
  Chants V à VIII. 1 vol......... 4 fr.
  Chants IX à XII. 1 vol......... 4 fr.
  Chants XIII à XVI. 1 vol....... 4 fr.
  Chants XVII à XX. 1 vol....... 4 fr.
  Chants XXI à XXIV. 1 vol..... 4 fr.

ISOCRATE : Archidamus. 1 fr. 50 c.
— Conseils à Démonique...... 75 c.
— Éloge d'Évagoras.......... 1 fr.
— Panégyrique d'Athènes. 2 fr. 50 c.
LUC (Saint) : Évangile........ 3 fr.
LUCIEN : Dialogues des morts. 2 fr. 25
— De la manière d'écrire l'histoire. 2 fr.
PÈRES GRECS (Choix de discours).
  Prix................... 7 fr. 50 c.
PINDARE : Isthmiques (les). 2 fr. 50
— Néméennes (les)........... 3 fr.
— Olympiques (les)..... 3 fr. 50 c.
— Pythiques (les)....... 3 fr. 50 c.
PLATON : Alcibiade (le prem.). 2 fr. 50
— Apologie de Socrate........ 2 fr.
— Criton.............. 1 fr. 25 c.
— Gorgias.............. 6 fr.
— Phédon.............. 5 fr.
PLUTARQUE : Lecture des poètes.
  Prix................... 3 fr.
— Vie d'Alexandre........... 3 fr.
— Vie d'Aristide............ 2 fr.
— Vie de César............. 2 fr.
— Vie de Cicéron........... 3 fr.
— Vie de Démosthène. ... 2 fr. 50 c.
— Vie de Marius............ 3 fr.
— Vie de Pompée........... 5 fr.
— Vie de Solon............. 3 fr.
— Vie de Sylla............. 3 fr.
— Vie de Thémistocle......... 2 fr.
SOPHOCLE : Ajax..... 2 fr. 50 c.
— Antigone.......... 2 fr. 25 c.
— Électre............. 3 fr.
— OEdipe à Colone......... 2 fr.
— OEdipe roi......... 1 fr. 50 c.
— Philoctète.......... 2 fr. 50 c.
— Trachiniennes (les)... 2 fr. 50 c.
THÉOCRITE : OEuvres complètes.
  Prix................... 7 fr. 50 c.
THUCYDIDE : Guerre du Péloponèse,
  livre I................. 6 fr.
— Guerre du Péloponèse, liv. II. 5 fr.
XÉNOPHON : Les sept livres de l'A-
  nabase.................. 12 fr.
  Chaque livre séparément... 2 fr.
— Apologie de Socrate....... 60 c.
— Cyropédie, livre I..... 1 fr. 25 c.
—   —   livre II..... 1 fr. 25 c.
— Entretiens mémorables de Socrate
  (les quatre livres)...... 7 fr. 50 c.
  Chaque livre séparément.. 2 fr.

A LA MÊME-LIBRAIRIE : Traductions juxtalinéaires des principaux
auteurs latins qu'on explique dans les classes.

Typographie Lahure, rue de Fleurus, 9, à Paris.